全球金牌律师实战书系

西北政法大学
刑事辩护高级研究院
组织翻译出版

著 [美] 布莱恩 · K.约翰逊
[美] 玛莎 · 亨特
译 田力男 吴若龄

能言善辩

律师职场说服术

THE ARTICULATE ADVOCATE

Persuasive Skills for Lawyers
in
Trials,Appeals,Arbitrations,and Motions

BRIAN K. JOHNSON
MARSHA HUNTER

法律出版社 LAW PRESS · CHINA
北京

著作权合同登记号
图字：01-2021-6115

作 者 简 介

布莱恩·K 约翰逊

每年培训数百名律师，帮助他们提升沟通技能和说服力。他为演讲者提供个性化、及时有效的演讲建议，帮助他们在重要场合开展姿势自然、思路清晰的演讲。他经常在律所培训高级合伙人，帮助他们百尺竿头更进一步。

约翰逊作为法律职业沟通顾问已有35年之久。他关于沟通技巧的讲座自1988年以来一直在全国审判技巧研究院（NITA）就全国范围内开展的历时两周的庭审技能培训班开幕式上播放。2000年他荣获了该研究院颁发的马歇尔荣誉奖，约翰逊是第一个以非法律人身份获奖的学者。

他曾作为庭审辩护访问学者就读于美国田纳西大学、天普大学法学院、太平洋大学麦克乔治法学院，以及位于英国北爱尔兰的贝尔法斯特女王大学法律研究中心。作为庭审顾问，约翰逊与出庭辩护律师一起为证人出庭作证提供帮助。他提供咨询的法律案件涉及因特网浏览器、乳房移植、医疗设备、金融服务、航空公司以及专利侵权等。他为上述案件赢得了数十亿美元的裁决。

玛莎·亨特

法律沟通专家，专门培训律师在各种场合流利、自信地讲话或辩论。她所指导的辩护律师提高了辩护技能、交易律师提升了报告质量。接受培训后，律师口头表达更加流畅、更加能言善辩。

她曾在全国审判技巧研究院（NITA）、美国司法部、美国律师学会、顶尖律所和法学院、从英国贝尔法斯特市到澳大利亚塔斯马尼亚州的多个律师协会讲授沟通的技巧。

献给来自美国国家审判辩论研究院
司法部、希尔曼司法辩护项目组，以及美
斯马尼亚的律师事务所和法学院的各位同
术的辩论使我们备受鼓舞、大开眼界。要
别鸣谢已故的全国审判技巧研究院（NIT
构）董事、美国司法部刑事庭庭长乔安·
不倦的导师，也是口才极佳的演说家，她
运用堪称典范。

《能言善辩》第一版好评如潮

“《能言善辩》告诉我们应该如何运用肢体、大脑以及声音增强沟通影响力……它是每一位庭审律师的必读书，想要做庭审律师的人也都应该读一读。”

——美国亚利桑那州图森市亚利桑那大学詹姆斯·E. 罗杰斯法学院庭审辩论研究所主任、“Milton O. Riepe”冠名教授　托马斯·A. 马沃特

“对于所有需要面对听众侃侃而谈的人来说，《能言善辩》都是一本必读书。书中的智慧有助于律师应对庭审、面对媒体采访及会议讨论。”

——美国佐治亚州亚特兰大市埃默里大学法学教授　保罗·J. 兹威尔

“采纳《能言善辩》中的实操建议能使我们把工作做得更好。无论资深人士还是行业新手，所有庭审律师的书架上都该有《能言善辩》这本书，它是庭审律师的必读书目。”

——美国密歇根州大急流城 Smith Haughey Rice & Roegge 律师事务所　威廉·杰克

“《能言善辩》这本书短小精悍，我个人十分推荐……辩护技巧中那些你想要知道却不知从何问起的事儿统统可以在这本书中找到答案。然而它不仅仅是一本工具书，作者通过平实简明的语言和通俗易懂的隐喻将如何在最大限度上使肢体与大脑统筹协调的技巧娓娓道来。”

——美国纽约州纽约市哥伦比亚大学法学院法律与经济研究中心初级研究员　迈克尔·哈伯斯坦姆

“约翰逊和亨特在这本书中的真知灼见要比百忧解和安定这种镇静药物更能够有效安抚诉讼律师紧张的神经。”

——美国印第安纳州印第安纳波利斯市印第安纳州上诉法院首席法官　南希·H. 魏迪克

“（这本书对）在法庭上进行有效交流有着不可或缺的指导作用。约翰逊和亨特为庭审律师提供了许多克服公众演讲焦虑的策略，以帮助他们在高度紧张时表现自如。”

——美国伊利诺伊州芝加哥市芝加哥洛约拉大学法学院教授　詹姆斯·凯里

“这本书写得清晰明了，能够帮助庭审律师在说话时思如泉涌，在思考时也能对答如流。”

——美国伊利诺伊州芝加哥市凯易律师事务所　史蒂芬·D. 麦考米克

“任何想要涉足庭审的人都该读一读《能言善辩》。无论你有多少征战庭审的经验，你都能在本书中获得很多有用信息和新鲜灵感，了解如何与陪审团和法官甚至日常遇见的其他人沟通。《能言善辩》这本书条理清晰，引人入胜，通俗易懂。我毫不犹豫地推荐这本书，希望你们从头至尾细心品读。”

——美国北卡罗来纳州温斯顿塞勒姆市维克森林大学法学院庭审辩论研究所主任　卡罗尔·B. 安德森

“《能言善辩》实在是姗姗来迟。这本书原创度很高，文字表达清晰且实用性强。对于踌躇满志的年轻律师和愿意不断充实自己的资深律师都有着重要的指导作用。”

——英国英格兰约克郡 CPD Training 法律培训机构教授　皮特·里昂

“《能言善辩》汇集了各种有用的沟通秘诀、恰当的类比和实用的练习方法，可以提升你的沟通技巧，帮助你说服审判者。读者只需用心阅读并将所学付诸实践就会在不知不觉中变得更加具有说服力。”

——美国夏威夷州基拉韦厄前法官、检察官弗兰克·罗斯柴尔德

“庭审律师们遇此书，如久旱之田逢甘露。阅读此书如醍醐灌顶，庭审辩论二三事更是豁然开朗。”

——美国印第安纳州南本德市美国圣母大学法学院兼职教授　托马斯·H. 辛格

“阅读《能言善辩》就如同聆听约翰逊和亨特的讲座，著作

中那些关于演讲的精髓技巧深入浅出，娓娓道来。”

——美国新罕布什尔州康科德市 Robert Stein & Associates 律师事务所　罗伯特·斯泰因

“《能言善辩》详细介绍了从体态、手势到思维、声音等在公共演讲中需要注意的方方面面。这本书从如何站立和手的摆放开始讲起，继而涉及基本呼吸要领和运用声音的最佳方式。”

——Herman，Herman，Katz & Cotlar 律师事务所的拉斯·赫尔曼在《庭审》杂志（2009 年 11 月刊）上的评论

“这本书条理清晰，字字珠玑，适合从头到尾仔细阅读，即使针对某些问题单独挑出一些章节阅读也会很有帮助。资深庭审律师能够在其中获得诸多进阶性的启示，初出茅庐的年轻律师也能够获得实用建议，帮助他们克服初入行时遇到的诸多困难。”

——美国科罗拉多州戈尔登市杰斐逊县，美国第一司法巡回区，少年庭法官朱迪·斯格克，在《科罗拉多律师》杂志（2009 年 9 月刊）上的评论

“《能言善辩》中介绍的技巧由浅及深，既有简单的基本技巧（比如怎么避免说一些无意义的口头禅），也有复杂的高级技巧（比如怎么利用陪审团的回声记忆），全部都是实战中的“干货”，绝不拖泥带水，方便读者快速阅读之后迅速投入实践中使用。”

——美国佐治亚州亚特兰大市 Davis，Pickren & Seydel 律师事务所合伙人大卫·R. 休斯在乔治亚律师杂志上的评论

序　言

优秀的律师可能具有各种各样的特质，但他们往往能够一针见血地抓住观点的关键，并用极具说服力的方法将其表达出来。对于每一位想要功成名就的律师而言，语言的说服力和运用技巧都至关重要。

虽然这并不算什么了不得的发现，但在讲授了律师辩论技巧超过25年后，我可以告诉大家，在辩护教学中有两件事发生了很大的变化：一是，我们理解了若想使人信服，需将科学的严谨与个人特质结合起来；二是，我们意识到应该将那些辩论技巧应用到更多场合，陪审团审判只是“冰山一角”。

30年前，初出茅庐的年轻律师可以施展拳脚的机会很多。当我还是一名新手律师时，我就曾独自承办一起由联邦陪审团参与审理的案件。虽然这样的机会不是每天都有，但那时候很多年轻律师在成为律师事务所的合伙人之前就已积累了大量的出庭经验。而现如今，无论对于新手律师还是资深律师，出庭的机会都很少，时间间隔也很久。以至于律师事务所会花钱让年轻的律师参加公益团体项目①，让他们通过志愿法律服务来积累庭审经验。而由于需要上庭审判的案件减少，此类案件的风险一般也很高，因此客户往往更偏爱经验丰富的出庭辩护律师。因此，素质过硬、能言善辩对于律师来说愈加重要，但他们中却很少有人能在工作中边学边干。

投　资

"平凡与非凡的差异仅在于那一点点额外的努力。"

——吉米·约翰逊，美式橄榄球解说员，美式橄榄球队前球员、教练、球队负责人

很少有人天生具有在公共演讲时思如泉涌、出口成章的能力，而由于庭审实战机会不断减少，律师们需要想办法学习能言善辩的技巧，而领导则需要为麾下的律师寻找锻炼技能的机会，只有这样才能够为客户提供最优质的服务。然而，同样不容忽视的是如何留下最优秀的律师——那些技艺上精益求精，且愿意为客户利益最大化而赴汤蹈火的完美主义者。

为律师们提供最好的培训，就能将我们最好的律师培养为合伙人，传承我们追求卓越的传统。在这个行业里，人们只会根据我们上一个案子来判断我们的能力如何，因此，每一个案

① Public Interest Fellowship.

子都需要我们竭尽所能，不断提高对自己的要求。正是由于这种对卓越与进步持之以恒的追求，摩根路易斯律师事务所与布莱恩·K. 约翰逊和玛莎·亨特有了超过十年的合作，他们帮助我们磨炼我所律师的辩护与沟通技能，以更好地应对录取证言、动议讨论、案件审判乃至与客户、同事的沟通等环节。

然而，布莱恩·K. 约翰逊和玛莎·亨特的影响力绝不仅限于此。他们也在全国各地的十余个项目中发挥重要作用，并负责在司法部国家辩护中心培训新的美国联邦地方法院助理检察官。自 1988 年起，他们就为美国第一家法律辩护技能培训中心——全国审判技巧研究院（NITA）开设国家审判技能课程。

布莱恩·K. 约翰逊和玛莎·亨特开展的项目为期一周，参加项目可能会给你的事业带来巨大改变，他们在项目中传授的技能和方法将是你可以受益一生的宝贵财富。然而，不是每个人都能有幸参加布莱恩他们的线下或线上培训，对于想要精炼技艺但却无法参加培训的人们来说，这本书刚好满足了他们的需求。

艺术背后的科学

“傻瓜亦能知道很多事情，关键在于是否能够理解。”

——阿尔伯特·爱因斯坦

庭审辩论既是艺术，又是科学。布莱恩·K. 约翰逊和玛莎·亨特花费数十载的心血，细细分析拆解辩护中的关键因素，帮助人们理解这门艺术背后的科学道理。在这本书的开端，他们就讨论了真诚可信的重要性，因为他们深知，若是他人不能感受到诚意，信任便无从谈起。但是，说起来简单做起来难，在与陪审团交谈或交叉询问证人时，想要表现得真诚自然谈何容易，但若是想说服审判者，这一点至关重要。

本书中，布莱恩·K. 约翰逊和玛莎·亨特将运用科学的方法来解锁个人风格背后的秘密，帮助你在沟通中自然地传递真诚，并且获得听众的认可。他们研究了人们在公共演讲时的身体变化，并帮助人们有意识地控制这些变化。《能言善辩》以科学的方法解释了为什么我们在辩护时会语速过快，或者不停地重复“嗯”“呃”这样无意义的语气词。同时，本书会告诉你具体该如何放缓语速、消除“思维噪音”。

庭审中，我习惯将晦涩难懂的复杂概念通过类比的方式转化为陪审团可以迅速理解的词汇，因此我很乐意阅读各类对本书中传授的技巧有所体现的案例进行研究和类比。布莱恩·K. 约翰逊和玛莎·亨特在讲述如何通过“表演惯例”来控制身体、大脑和声音时，提到了汤姆·安伯利的故事。这位退休老者曾以72岁高龄创造了篮球连续罚球2750次零失误的世界纪录。他是怎么做到的呢？据汤姆·安伯利说，每次投球之前精神与身体所形成的“惯例”，使他能够保持精准的控制和连贯的手感。布莱恩·K. 约翰逊和玛莎·亨特认为，这种连贯的“赛前惯例”在庭审中同样适用：它帮助我们创造和完善我们的“身体惯例”，从而在辩护中取得成功。形成了“身体惯例”后，我们的体态和手势将会成为下意识的行为，这样就能将注意力集中在说话的内容和方式上。

无论你是初入职场的年轻律师，还是具有多年工作经验、寻求更进一步的资深检察官，这本书里提供的真实案例和详细的解决方案都能够帮助你解决具体问题，而且书中提到的方法都留有自由修改的空间，你可以根据个人风格做适当调整。

千锤百炼出大师

“重复的行为造就了我们。因此卓越不是一种行为，而是一种习惯。”

——亚里士多德

归根结底，辩论是一门实用的艺术。人们往往愿意支持他们能够理解的东西，而他们对公平诚信的理解推动了法律实践。布莱恩·K. 约翰逊和玛莎·亨特深谙此理，他们的这本书也给出了很多实用性的建议。

熟能生巧是一条亘古不变的真理。《能言善辩》的最后两章不仅对我们所需的技能进行了细致入微的指导，同时就应该如何练习这些技能（比如有意识地呼吸）、如何将其运用到真实的庭审辩论中进行了阐释，其中包括针对各种问题的练习方法，比如如何改善说话过于柔弱、站立不够稳定或避免在听取直接询问的回答后不自觉的口头禅等问题。这本书的结构编排也是基于实用主义的，是布莱恩·K. 约翰逊和玛莎·亨特在培训了上千名工作繁忙的行业精英后总结编纂而成，每章末尾都有小结，还添加了附录，帮助读者在日后不定期地回顾复习。

对于那些真正想要成为一名优秀的庭审律师的人来说，这本书是进阶途中必不可少的工具书。这实际上是一笔对于自身、事业以及客户的投资。如果不能够亲自参加这个培训项目，阅读这本书无疑是你的最佳选择。如果你和我一样，有幸参与了培训并从中受益，那不妨拿起这本书，重温一遍吧！

杰米·温茨·麦基翁

美国摩根路易斯律师事务所董事会主席

目　录

引　语 …… 001

第一章　关于身体 …… 004

了解肾上腺素 …… 005

养成自己的行为习惯 …… 008

控制下半身 …… 009

站稳脚跟 …… 010

站直别晃 …… 011

双膝放松 …… 011

收紧臀部 …… 012

有目的地走动 …… 013

呼吸技巧 …… 016

有意识呼吸的技巧 …… 017

吸气和说话 …… 019

给思考时的大脑供氧 …… 020

该用双手做什么 …… 021

手势自然的学问 …… 022

手势自然的艺术 …… 024
激活自己的专属手势 …… 025
先去感知 …… 026
手势区域 …… 027
做手势的冲动 …… 029
准备姿势 …… 030
“隐形”准备姿势 …… 032
千万别说“绝不” …… 032
准备的技巧 …… 033
握住自己的手 …… 034
自然手势的“三R理论” …… 035
呈现、竖劈、展示 …… 036
“在架子上”做手势 …… 039
分散注意力的手势 …… 040
杜绝握笔 …… 041
手势总结 …… 042
身姿挺拔 …… 043
头部和颈部 …… 044
挺直脊柱 …… 044
坐着辩护 …… 045
面部 …… 046
嘴部 …… 047
皱眉 …… 047

眼神交流 …… 048
眼睛和笔记 …… 052
本章小结 …… 053
说给自己的话 …… 054

第二章　大脑 …… 055
肾上腺素和时间弹性 …… 056
寻求专注区 …… 058
回声记忆 …… 061
临场应变 …… 063
不要照读 …… 063
不要死背 …… 065
结构清晰的即兴发挥 …… 065
切勿边读边说 …… 068
笔记：视觉辅助工具 …… 069
应对忘词 …… 075
写稿：初步准备步骤 …… 077
避免回想 …… 078
语块记忆法 …… 079
首位效应和近因效应 …… 080
态度：策略性选择 …… 083
镜像神经元 …… 086
在法庭上使用电子证据 …… 088

本章小结 …… 096
说给自己的话 …… 097

第三章　声音 …… 098
聆听自己的声音 …… 098
肺与横膈膜 …… 100
　肋间肌与胸腔 …… 101
　运用呼吸发声 …… 102
　声音疲劳 …… 104
　喉咙与声带 …… 105
　发声器官与发音 …… 106
　演说前的“热身” …… 106
做出令人信服的选择 …… 108
　提升能量、放慢节奏 …… 109
　多说短语、少说整句 …… 110
　断句的技巧 …… 112
　调整节奏 …… 114
　开口定节奏 …… 115
　先想好、再开口 …… 116
消除“思维噪音” …… 117
　留心间隙 …… 119
重音与达意 …… 120
　音量、音高与持续时长 …… 123

为什么不能照读 ………………………………………… 125
　当你必须照读时应注意什么 ………………………… 127
手势与重读 ………………………………………………… 128
　语调单一 ………………………………………………… 129
　指挥自己 ………………………………………………… 130
　流畅表达 ………………………………………………… 130
　练习在开场中运用手势 …………………………… 131
　表现可视化 ……………………………………………… 133
自然交谈中的韵律 ……………………………………… 134
　听得见的标点符号 …………………………………… 135
　自信地收尾 ……………………………………………… 137
声调与态度 ………………………………………………… 137
锻炼口头表达技能 ……………………………………… 138
本章小结 …………………………………………………… 139
说给自己的话 ……………………………………………… 140

第四章　如何练习 ……………………………………… 141
知其然和知其所以然 …………………………………… 143
练习中的阻力与逃避 …………………………………… 145
　对着镜子练习 …………………………………………… 145
　抑制练习的合理性 …………………………………… 146
　保持耐心 ………………………………………………… 148
循序渐进 …………………………………………………… 148

运行“身体动作一览表” …… 149
声音热身 …… 150
断句式发言 …… 150
即时手势 …… 150
先说再写 …… 151
开场练习 …… 151
收尾练习 …… 152
过渡句与标题练习 …… 153
手势激活练习 …… 154
练习大声朗读 …… 154
凭记忆背诵 …… 155
笔记与视觉辅助工具 …… 155
大声练习庭审套话 …… 157
录段视频 …… 158
练习解决具体问题 …… 158
非正式练习 …… 167
在日常对话中练习 …… 168
观察、适应与接受 …… 169
对立面法则 …… 170
为智力游戏而练习 …… 171
做好心理上的准备 …… 171
克服焦虑 …… 172
练习呼吸 …… 173

本章小结 ······ 174
说给自己的话 ······ 175

第五章 技巧在庭审中的应用 ······ 176
陪审团遴选 ······ 176
开庭陈述 ······ 180
直接询问 ······ 183
交叉询问 ······ 188
结案陈词 ······ 192
本章小结 ······ 195
说给自己的话 ······ 196

附 录 ······ 197
附录一：发言者一览表 ······ 197
附录二：给自己录制自评视频 ······ 202
附录三：适用仲裁的基本表达技能 ······ 208
附录四：提出动议或者请求上诉时要掌握的基本表达技能 ······ 209

引 语

在不同的场合，律师需要用不同的表达方式进行辩论，力求说服他人。在同一场庭审中，当面对陪审团时，庭审律师可能会激情满满地说服这群普通民众；当与法官就动议进行辩论时，庭审律师则需要采取完全不同的语气和架势；而在边侧法庭低声进行即席磋商时，使用的语气和音量则又会有所不同。

根据不同的场景，沟通方式会有所变化。

在法官判决的案件中，律师需要摒弃表演的成分。法官不想听也不需要那些律师用来说服陪审团时“装腔作势”的说辞，因此庭审律师应顺势而为。

动议程序又是另一番场景。律师需要采取一种独特的沟通方式，在展示已准备好的内容时，还要不时即兴回答法官的问题，当然具体情况也会因为不同的法官而有所不同。在速裁案件中，速度和效率至关重要，律师需要根据情况进行把控。

上诉案件中的辩护也独具特点，代理上诉案件的律师需要在上诉法院的法官面前进行辩护，如果讨论包含多个参与者，律师还有可能会面对由数位法官组成的法官小组。律师采取什么样的沟通方式则取决于法官态度的冷热、询问问题的频率以及是否打断律师事先准备的演说等。此外，庭审还可能会有时间限制，律师应根据情况自行调整方案。

仲裁期间的辩护与上述这些情况均不相同。这是因为场景由法庭转移到了会议室，参与者都是坐着的，且程序规则明显更松。因此，律师也需要就此进行调整。

本书的作者清晰地知晓这些不同的场景差异之大以及这种差异会带给律师们多少挑战，而我们希望这本书能给更多的律师提供帮助。因此，本书第一版侧重于庭审律师的法庭沟通技巧，而第二版的内容则进行了拓展，其中包括陪审团审判、法官审判、模拟法庭、动议程序、上诉和仲裁。

因为本书的内容范围有所扩展，所以描述庭审律师面对的不同听众群体变得有点困难。我们没有每次都将他们一一列出，而是选择了一个概括性的词来描述——“听众”。我们相信读者能够理解我们的意图，并根据自己所处的情景从书中选择最合适的技巧。

此外，在与律师打了30多年交道后，我们十分了解很多律师的较真和挑剔，毕竟律师工作的一部分就是要寻找所有已知观点中的漏洞。很多律师看了书中的内容后，可能会说“你不可能一直保持这么做”或“这种方法不是所有情况都行得通”。反对有效，律师朋友。并不是说我们的每一种技巧都适用于每一位律师、每一种情况。莎士比亚曾写道：“让你的判断力成为你的引路人。”我们亦是这样认为。在庭审辩论中，没有哪种技巧是“万金油”。

随机应变是每一位沟通者都需要不断完善的能力。根据所处的工作情景，选择最适合的沟通方法。不要忘记，你的目标是要成为一名能言善辩的律师，无论何时何地都能所向披靡。

第一章

关于身体

对于出庭律师而言，出庭辩护时应表现得自信从容、沉稳可靠。你站立、走动的姿势，呼吸和做手势的方式以及你注视他人的目光，都会在很大程度上影响听众对你的评价。法官、陪审团或仲裁员在听你说话时，会下意识地观察你的行为举止、评估你的可信度。如果你的行为流露出紧张和不安，那么会令他们难以信服；但若你的举止能体现出一位充满自信和激情的出庭律师应有的风度，他们就会更容易被你说服。为了赢得辩护，即使内心紧张也要始终表现得自信从容、沉稳可靠、精力充沛，这需要掌握控制身体的技巧，以保证万无一失。

由于肾上腺素是影响出庭律师表现的主要因素，因此，了解肾上腺素的功能对于学习控制身体的技巧而言至关重要。焦虑和兴奋感必然会引发肾上腺素的分泌，通过人体系统释放出多余的能量，从而导致许多出庭律师来回踱步或晃动身体、呼吸短促、手势笨拙且不安地摆弄双手。就连眼睛也会受到肾上腺素的影响：焦虑会让出庭律师的眼神四处游离、难以聚精会神，从而无法与听众进行眼神交流。

懂得如何控制呼吸、眼神以及双腿、双臂和双手的活动，你就能利用肾上腺素产生的能量引导身体做出恰当反应。

指导性训练会有助于你掌握让自己的言谈举止更加恰当得体的方法。你可以将期望拥有的举止变成自己的行为习惯，从而有意识地控制身体。这样，你就能学会控制情绪，在每次发言时表现得自信从容。

了解肾上腺素

肾上腺素是肾上腺分泌的一种天然激素。在你需要更多的能量进行自我保护、逃离危险或应对工作压力时，身体会本能地发出信号，此时肾上腺素就会激增并流经全身。

临场压力之下的人们通常会有正面、积极的反应，如感到兴奋或充满期待。运动员会因参加重大赛事而“感到兴奋”，这是肾上腺素激增而引起的身体反应。肾上腺素也可以产生运动员所需的额外能量，促使他们把球扔得更远或跑得更快，并帮助他们在激烈的比赛中聚精会神。对出庭律师而言，肾上腺素同样也能带来积极的影响。

人体会因诸如紧张、焦虑和恐慌等负面压力而释放肾上腺素。过度精神紧张通常被称为“战逃反应”综合征①，因为肾上腺素会分别激活我们手臂和腿部的肌肉以帮助我们反抗和逃跑。

身处现代社会，我们不必像从前那样需要逃避掠食者，但我们都感受过肾上腺素产生的能量的影响，这种能量可以让我们四肢颤抖。如果你在起身发言时会双手颤抖，这是因为肾上腺素的分泌让手臂肌肉处于“战备状态”。如果你会双膝相扣，则是由于肾上腺素在向大腿和股四头肌注入额外的能量，为你逃离危险做好准备。而身体颤抖的原因是：身体的每块肌肉都会与另一块肌肉协同作用（比如，小臂的运动是肱二头肌和肱三头肌的共同作用），当肾上腺素同时激活相邻两块肌肉时，它们会绷紧并相互撕拉，从而引起手臂或腿部的颤抖。

所谓“心里七上八下”的感觉，是一种常见的精神紧张的表现，产生于呼吸肌。肾上腺素的分泌使位于肋骨中的膈肌和肋间肌产生反应而互相撕扯，由此产生“七上八下”的感觉。在发言过程中，身体的颤抖有时可以通过声音表现出来。因为在肌肉过度紧张而无法提供充分的气息支持时，你的声音

---

① 当人的情绪在极度状况（如惊吓）下，交感神经系统往往会集体活化起来，所释放出的正肾上腺素与肾上腺素就会造成全身内脏器官的大量活动。这种因为交感神经系统的集体活动所产生的全身性反应称为“战逃反应”（Fight – or – flight Response）。20 世纪 20 年代，美国生理学家沃尔特·坎农首次把这些反应描述为“战逃反应”。参见“战逃反应”词条，载搜狗百科：https：//baike. sogou. com/v70136317. htm？fromTitle = 战逃反应。

会变得颤抖或沙哑，无法大声说话。你极易因为“七上八下”的感觉而分心，从而无法展现出自己最能言善辩和最具有说服力的一面。

对于许多出庭律师而言，兴奋和紧张感的交织会引起肾上腺素的激增。实际上，发言中所面临的挑战可能会令人精神振奋，也可能会让人精神崩溃——这种感觉通常比较微弱，有时则会非常强烈。甚至连经验丰富的律师也承认他们曾经历过这种情形。虽然无法预测你的身体于某个时刻所分泌的肾上腺素的量，但你至少能感受到肾上腺素带来的某些影响。不论其激增的原因是什么，肾上腺素的奥秘就是，它会以最有效、最恰当的方式传送相应的能量。

如果肾上腺素没有被传送和释放，就会引发各种不恰当的、无意识的举止，从而让你感到并显得局促不安。然而，如果了解了身体战斗、逃跑、僵住等下意识的反应，你就能通过主动控制身体的某些部位，来克服肾上腺素产生的负面影响。

在准备面见审判者或证人时，你可能会发觉体内肾上腺素的激增。你可以在发言前静默几秒钟，从而有意识地控制自己的行为。静默的这几秒钟内，你可以执行一份简短的“身体动作一览表”，做好身体准备并集中注意力。奥运会运动员也会采用在赛前保持沉默的方法，为跳水、高山滑雪或中长跑等做好准备。

养成自己的行为习惯

1992 年，一位 72 岁的退休老人来到位于加利福尼亚州河畔的篮球场，连续命中了 2750 次罚球。对自己的投球技术充满信心的汤姆·安伯利邀请了 10 个见证人，为自己提交的吉尼斯世界纪录签署宣誓书。他坦然承认自己从未是一位优秀的运动员。那么，他是如何创造这一奇迹的呢？安伯利拥有高超的投篮技巧，他在《罚球：在罚球线上取得成功的七个步骤》一书中描述到，思维习惯和行为习惯让他拥有超凡的控制力与保持动作一致性的能力。安伯利投篮前的所有动作构成了一套固定的动作习惯。他会在两次投篮的间隙执行一遍“身体动作一览表”：怎样站稳、呼吸，拍几次球，如何用手指持球、盯篮筐——在 2750 次投篮中，他每次的动作几乎完全一致。固定的动作习惯，使他能在篮球场上有如此非凡的表现。正如安伯利的成就所证明的，坚持不懈的习惯也可以帮助一名出庭律师取得成功。

运动心理学家教导我们，想有高水平的表现，需要培养思维习惯和行为习惯，并以此为基础塑造自身的行为举止。习惯的作用，体现在反复的练习能够实现大脑和身体的互相控制。这样，身体和大脑就能协同合作来控制情绪。

因此，你需要设计和完善一系列行为习惯并形成固定的个人风格，以便在每次起身发言时采用。随着时间的推移，这些习惯会成为你的“第二天性”，使经过训练的行为显得非常自然，实际上，这都是掌握技巧和勤于练习的结果。

对行为习惯的依赖，会让你的大脑前额叶皮质（大脑中负责高级智力活动的功能区域）不受踱步、内心不安或做手势所带来的干扰，并确保你的身体动作会由运动皮层（负责监督大脑中自然、自发的活动）控制。如此一来，你的大脑前额叶皮质可以专注于更重要的事情，如发言的内容和语言表达方式。通过养成自身行为习惯，你的身体可以本能地活动，手势也会做得自然。

自身的动作习惯包括从双脚到头部的动作。你可以在脑海中对照“身体动作一览表”，定位和协调双脚、膝盖、臀部、手臂和眼神的位置，并调整呼吸和面部表情。这种快速的对照检查有助于你在每次起身发言时控制和调整身体，从而呈现出最佳状态。

自下而上地将全身每个部位的动作快速地想一遍，将自己的身体作为辅助你记住动作习惯的工具。

控制下半身

在大多数运动项目中，运动员会先调整双脚以确定合适的姿势。高尔夫球运动员调整好站姿后才挥杆；棒球运动员会习惯性地先站在击球区，然后再挥棒；篮球运动员会在罚球线上确定位置后再投篮。而作为一名出庭律师，你首先要在法庭里站稳脚跟。

◎ 站稳脚跟

双脚分开站立，两脚间应保持适当的距离。双脚间距离不宜近到并拢鞋子，否则会站不稳或不舒服；双脚距离也不宜太远，否则会让你看起来像个西部枪手。在这两种距离间调整双脚以找到合适的站姿。切勿像踩着滑雪板滑行一样让双脚平行站立，因为这种完全对称的站姿会让你看起来像一位立正的士兵，略显呆板和木讷。也不要交叉脚踝，因为这样会显得过于随意。相反，双脚位置略微不对称的站姿反而会让你看上去更加放松。

现在就起身，试着找到适合自己的站姿吧。你最好能站在全身镜前观察站姿，并最终确定一种让自己满意的姿势，并在每次法庭发言时采用。这种习惯会很快成为你的第二天性，你就能像运动员一样不假思索地摆出应有的站姿。

你要在发言前摆好站姿，站稳不动后再准备开口说话。站姿摆好后停顿几秒，做个深呼吸并感受一下你是稳稳地站在法庭的地面上的。

◎ 站直别晃

牛顿第一运动定律也适用于辩护的过程：静止状态下的身体趋向于保持静止；而运动中的身体则趋向于继续运动。你在站稳不动时，会显得冷静、从容、有自控力，你的身体会倾向于保持静止状态。但如果你在发言时走动，身体则倾向于保持运动状态——而且可能会一直停不下来。随意地走动还会让你显得紧张不安。由于肾上腺素会刺激你的腿部肌肉，你会不自觉地摇晃和扭动身体、踱步或拖着脚走，而这些下意识的行为并不可取。因此，你要遵循牛顿第一运动定律：开始发言时保持站稳不乱动。

◎ 双膝放松

在这一系列行为习惯中，接下来你要做的是，挺直你的膝盖并和臀部保持平衡，要收紧大腿肌肉并向上提拉膝关节，同时保持膝盖的灵活性以便平衡身体。想一想你乘坐公交或地铁时膝盖的状态，即车门关闭或车即将开动时你的膝盖是怎么调整的。在身体前倾时，你会微微弯曲膝盖以保持平衡。这种调整是微妙且难以察觉的。火车驶出车站时你的身体会突然前倾，虽然此时你的膝盖没有像蹲下时那样弯曲，但它们的调整已足以灵活应对这一情况。灵活的膝盖可以让你即使长时间站立不动也不会感到不适。

你可以站起来做一个简单的实验来体会这种微妙的感觉：将膝盖向后推，直到感到不适从而把膝盖锁住，接着微微下蹲以使双膝向前移动。然后找到能正好让膝关节放松、灵活的状态。你可以在“身体动作一览表”上的“站稳脚跟”步骤后加上“双膝放松”这一步骤，继续自下而上地活动身体的各个部位。

◎ 收紧臀部

收紧臀部可以让两条腿平均承担躯干的重量。虽然在站立时将身体重量和臀部偏向一侧会让你暂时觉得很舒服，但这种重心偏移的姿势会让你的某条腿承受身体的大部分重量。最终，你会因这条腿感到疲劳而把身体的重量转移至另一条腿上。由于两条腿交替会使人感到疲劳，所以身体的重量会不断地在两腿间来回转换，你的身体不久便会左右摇晃。而身体的晃动不仅会分散听众的注意力，也会让你显得紧张。然而，你仍要注意让身体保持一定程度的放松和灵活，而不能让身体如同深陷混凝土一样僵硬。因此，你既不能不停地晃动身体，也不能让身体显得过于僵硬、呆板。

穿高跟鞋的女性，要意识到高跟鞋可以巧妙地将你身体的重量前移至脚趾上、使臀部后移和上提并且缩紧背部下半部分的肌肉。为了应对这一现象，你可以有意识地将骨盆摆正并置于双脚正上方，并将盆骨微微向前转动——舞者将其称为

“收紧尾骨”，这样做可以拉伸并放松背部下半部分的肌肉。

在站稳脚跟、双膝放松、收紧臀部后，你就能有意识地控制身体中体积最大的肌肉——臀部、大腿和小腿上的肌肉，这样，你即使在紧张状态下也能控制体内的肾上腺素并站稳。在法庭上首次起身时，你要先站稳；接着，你可以在法官允许的情况下，有意识地选择何时何地进行走动。一些法官坚持认为除非需要带着物证接近证人席，否则律师应一直站在台子后。在某些司法管辖区，律师必须站在台子上以便麦克风能记录整个过程。如果遇到这些情形，你必须服从要求、从容应对。即使得到法官的允许，你也要有目的地走动。

◎ 有目的地走动

你能否在法庭上走动完全取决于法官的意愿。有些法官要求律师在每次走动前都要征得其同意：“法官大人，我可以接近证人吗？”有些法官则可能会放宽要求并允许你随意走动。你应根据法官的要求相应地调整自身的行为举止。即便在法官允许的情况下，你也要有意识、有目的地走动。

你的言语和意图驱动着你有目的地走动，情形可能是这样的：你要开启一个新的话题，于是走到一个新的位置，说，“戈麦斯先生，我们已经讨论过您的教育背景了，现在我想继续讨论您的职业经历”，或是“我们已经讨论了您的发明和专利，现在我想询问有关您与被告签署的许可协议的问题”。一旦你走到新的位置，就要站着问完所有的问题。这种有目的地走动有助于陪审团了解你的陈述结构。走动意味着新话题的开始，且有助于重新引起已经走神的陪审团的注意力、吸引听众的再次关注。

你的每一次走动必须都是大脑思考的结果，而不能取决于被肾上腺素驱使的腿部肌肉。你身上体积最大的肌肉被肾上腺素激活后会自发运动。这种走动是受本能和荷尔蒙的影响而产生的自然行为，但由于这种行为会让你显得很别扭，所以并不可取。随意的走动会消耗和分散腿部的肾上腺素，因此你可能会感到舒适。但你一定要忍住这种随意走动的冲动，确保你的行动都是恰当自然的。

由静转动才能展现出力量，因为由静到动的转变会引发关注。来回不停地踱步会削弱动作的冲击力。不要误以为持续的走动会引起听众的兴趣，也不要被法庭剧中常有的动作所误导。扮演律师的演员之所以经常走动，是因为导演认为演员的移动可以让拍摄角度更加有趣。因此，摄像机镜头会随着演员的走动而移动，以获得多样化的镜头视觉效果。

摄像机会根据导演的需要移动，而观众不用。因为电视机是静止的，观众盯着电视机看移动的镜头就可以了，几乎不用移动目光。但在真实的法庭上，如果面对一位不停走动的律师，陪审团则需要像摄像机一样来回移动目光，如同盯着网球比赛中运动的球。他们会很快因此而感到疲倦。

漫无目的的踱步会让观众感到视觉单调，像催眠师的怀表一样规律而持续的走动则会让听众犯困。当你前后走动时，你会有一半的时间背对着法庭上一半的陪审团成员。你每次转身朝相反的方向走动时，你都会背对部分陪审团成员，他们会因无法看到你的脸而感到无聊。因此，你最好站立在法庭的中央位置面对陪审团。当你有目的地走到一个新位置后，要保持站立不动。这样陪审团成员就能看到你的脸，你也可以看着他们的眼睛来陈述事实。眼神交流是帮你增强说服力的关键因素，但你如果来回踱步，就会无法与听众保持眼神交流。

你走动的次数在很大程度上取决于个人风格以及法官的意愿。一些优秀的出庭律师很少走动，而另一些同样优秀的出庭律师则经常变换位置。你要理性地决定将在何时何地走动。通常当谈及一些话题，尤其是最重要的话题时，你可以走动，通过走动来示意话题间的过渡。你可以通过设计和练习来确保这种走动会对你的发言有帮助。

走动可以体现个人风格，但并不是实现有效辩护的硬性要求或必要条件。如果你觉得走动不是自己的风格，可以不走动。一旦你能做到站稳脚跟、站直别晃、双膝放松、收紧臀部和有目的地走动，你就能有意识地控制从腰部到双脚的身体部位，并确定站立发言的位置。接下来，你要注意身体的中间部位，即产生深呼吸的位置——躯干的下半部分。

呼 吸 技 巧

出庭律师习惯运用的有效且简单的技巧之一是有意识地控制呼吸。你的呼吸方法会直接影响你的感觉以及思考、说话的方式。有意识地控制呼吸可以帮你平静心情、发出声音和清醒大脑。

大家都熟知利用呼吸控制情绪的技巧。在别人心烦意乱时，我们常说："你太焦虑了，试着做个深呼吸吧。"做几次深呼吸的确能让人镇定，因为呼吸和情感有直接的联系。我们处于放松状态时，会延长吸气时间并放缓呼气速度。当我们紧张、焦虑或惊慌失措时，肾上腺素会加速呼吸。

此刻读这本书的时候，你的呼吸是无意识的。但如果你在读这句话的时候加快呼吸速度，你就能感受到呼吸和情感之间的联系。试着呼吸得更快、更浅一些。你呼吸的速度越快，就越容易引发情绪反应。现在，在继续阅读本书的同时，试着模仿你在恐慌时的呼吸状态，即呼吸速度更快、声音更大。这样做会让你开始感到恐慌。如果你模仿紧张状态下的呼吸动作，即快而浅地呼吸，则会开始感到紧张。因此，此刻你的呼吸变得急促就不足为奇了！

幸好，有意识地控制呼吸也会产生积极的效果。如果你呼吸得舒适而放松，即使实际上你并不舒适或放松，你会发现有意识地控制呼吸可以帮你应对内心的紧张感。如果你长时间深呼吸，你会感受到度假时躺在草坪的长椅上所享受的安逸。这是因为呼吸和感受是互相影响的。有意识地放缓吸气和呼气的速度，这样做其实是在模仿你在最舒服时身体呼吸系统的运动过程。你可以在接下来的阅读中，有意识地、充分放松地呼吸几次，体会由此带来的不同感受。

有意识的深呼吸会让你感到极其舒适。尽管这种呼吸技巧无法消除你的紧张，但有助于缓解你的焦虑感。

当你自然地呼吸时，呼吸系统是由你的自主神经系统控制的。该系统也控制心跳、眨眼等其他人体的重要功能。但你可以在任何时候有意识地控制自主神经系统，进而控制呼吸系统。此时有意识的呼吸会让你平静下来、感觉更舒服些。

◎ 有意识呼吸的技巧

肺部位于上半身，受胸腔保护。横膈膜是呼吸机制中发挥升降作用的结构，是一种位于肺部下方和重要器官顶部的穹顶状肌肉。吸气时，横膈膜肌肉会变平、向腰部下压，以形成局部真空将空气吸入肺部。当横膈膜下移时，腹壁会向前移动，肋间肌轻轻外拉胸腔。当你的肺部充满空气、横膈膜变平时，内脏会被向下和向前推。因此，即使肺部位于上半身，深呼吸却发生在躯干下半部分，此时腹壁或腹腔会向前移动。你在做深呼吸时，会感受到胃部在顶着腰带轻轻地向前推动。这个动作幅度不大，你也无须为这一过程如此细微而感到惊讶。还有一点要注意的是，你的双肩不会随着肺部的扩张而抬高，因为只有在你用力过猛时，上半身和肩膀才会上下起伏。

如果想体验彻底的有意识的深呼吸，你可以试着做这种练习：先将空气吸入肺部，然后尽力呼出所有气体以排空肺部气体。接着继续呼气，在感觉几乎必须再次吸气时尽力呼出肺部的最后一点气体。最终，当你感觉肺部的气体已经完全排空后，再吸气，这时你会感到空气冲回肺部。这个过程才是真正的、充分的深呼吸。你可以再试一次：呼气时排空肺部气体，吸气时感受空气冲入肺部。当你在法庭上发言时，应激活需长时间发挥作用的呼吸肌。尽管你在说话时不用排空肺部空气，但了解肺部惊人的、尚未发掘的潜力是至关重要的。

越早有意识地控制呼吸，你会感觉越好。应当提前而不要等到走进法庭时才关注自己的呼吸。当意识到对方律师即将结束询问时，你应在起身前几分钟有意识地做几次深呼吸。当然，如果能提前几个小时有意识地呼吸则更好。当你踏上法院的台阶时，深呼吸；当你开车去法院时，缓慢而有节奏地呼吸三次；当早上闹钟响起，你因考虑当天的日程而感受到肾上腺素的第一次激增，就在起床前做几次深呼吸。

出庭律师在发言前会因考虑后续的事情而担忧，有意识地控制呼吸可以有效地缓解这一困扰。如果你发觉自己陷入焦虑，那么可以用这种方法摆脱这种情绪：立即开始有技巧地控制呼吸。在当下进行有意识的呼吸可以分散你的注意力，阻止你考虑和担忧无法掌控的未来。

如果你在合唱团演唱或演奏管乐器，那么你可能会使用类似的技巧来进行深层次、有意识的呼吸，即腹式呼吸或腹部呼吸。瑜伽和武术练习者会采用在体内有意识呼吸的方式；运动员会学习如何让深呼吸成为一种赛前准备习惯。同样，有技巧地控制呼吸也会改善你的表现。

◎ 吸气和说话

一旦你通过有意识的呼吸让自己感觉更舒适，就可以用同样的呼吸方式来实现第二个目标——说得更好。第三章会更全面地介绍呼吸与说话之间的联系，这里所要说明的是这种联系在身体习惯的准备工作中的重要性。

舞台演员把在舞台上呼吸和说话之间的联系称为“气息支持”。人们凭肺部的空气量来支持和表现自己的声音。声音大小同肺部的空气量成正比。肺部空气越少音量会越小；空气越多音量就越大。如果你能在说话前有意识地控制呼吸，那么在开口说话时就能获得更多的空气。如果你天生声音柔和，那么只有一种方法可以帮你提高音量：获取更多的空气。因为大声说话需要更多的空气流出肺部，所以你必须在吸气时吸入更多的空气。吸入更多的空气可以让你发出的声音更有力度，因为发声时需要呼出肺部的气体。

帕齐·罗登堡来自伦敦，是一位杰出的语音教练，他把说话的过程描述为“吸气，说话”。即通过吸气填充肺部，然后在说话时呼出气体。气息通过气管和喉咙向上流动，形成的气流会引起声带的振动。所以，你应在肺部充满空气时说话，不要犯“在呼气后试图说话”的错误，也就是要先吸气，等肺部充满气体后再开口说话。

◎ 给思考时的大脑供氧

你会发现有意识呼吸的第三个好处。肺部的含氧量会随着呼吸效率的提高而升高，氧气会扩散入血液并在全身循环——包括大脑。脑部消耗的氧气大约是吸入人体内氧气的 20%。呼吸效率越高、程度越深，供应给肺部、血液和大脑的氧气就越充足。因此，呼吸有助于你快速、清晰地思考。

既然呼吸能让你的感觉更舒服、发言更精彩、思维更敏捷，那么你越早开始有意识的呼吸并将其保持的时间越长，就越能获得更强的控制力。正如站稳不动可以控制腿部的肾上腺素，控制呼吸能够防止肾上腺素加速呼吸。你面临的挑战还包括传送和释放肾上腺素提供的巨大能量，为了适当地释放出这些能量，你需要使用双臂、双手和肩膀。

该用双手做什么

许多出庭律师被这个问题困扰着。如果你希望表现自然，似乎就应当自然地做手势。但做到这一点并不容易，因为你很可能根本不知道自己自然状态下的手势是什么。因此，“自然地做手势”顶多只是一个不完整的答案。

对于“该用双手做什么”这个问题，一个常见的错误答案是“不要做手势”。有些人观点陈旧，坚持认为出庭律师做手势是不恰当的行为。律师和法律专业的学生通常被要求把手放在讲台上或身体两侧，避免做手势会分散听众的注意力。然而，这种观点存在三个问题：（1）缺乏科学证据的支持；（2）抑制自己的手势是一种不自然的行为；（3）这并非有能力的律师的行为方式。如果你想在法庭上表现自然，那么将双臂垂放于身体两侧或用双手紧抓讲台的方式都较为不妥。

做手势会分散注意力的说法是典型的谣言。研究手势的神经系统科学家和社会科学家发现，在人的大脑中，手势和语言的形成是紧密相关的。神经学和认知学领域的研究已经完全证明，手势是语言和思维形成中不可分割的一部分。为了表现从容、感觉舒适、说话流畅和思维敏捷，做手势都是必要的选择。因为手势不仅能加强语言的表现力度，还有助于身体传送和释放肾上腺素产生的能量。

每个人都会做手势，有些人经常做手势，有些人则很少做手势。但所有人都会在交谈时做手势，尤其是在试图说服别人时。看到这儿，你可能会自言自语："但我就没有做手势啊！我敢肯定我没有做手势。"你还未意识到这一点的原因是，做手势是出于本能的行为，而不受有意识的思维的控制。

你可以通过观察和分析人们如何进行交谈来更好地理解这一原理。你可以关注自己的手势：在与朋友、家人和同事交谈时你会用双手做的动作，你在说话时活动双手的频率。这些动作的幅度有多大？不同的手势能持续多久？当然，你也要注意观察他人的手势。随着你对手势的关注越来越多，你会发现这种表达方式在生活中无处不在，只是你之前视而不见罢了。

◎ 手势自然的学问

心理学家雅娜·艾弗森博士在一次意大利之行后得到启发，开始研究手势的起源。她在研究中提出了以下问题：我们是否会通过观察来学习他人的手势？换句话说，在孩子学习说话的阶段，他们也在通过观察和模仿学习手势吗？或者，做手势是人脑固有的能力吗？做手势是我们的本能还是后天学习的结果？为此，艾弗森博士观察和研究了先天性失明的孩子与他人交谈的情况。

艾弗森博士发现了一些令人惊讶的现象。先天性失明的孩子在说话时会使用手势，即使他们知道对方是盲人时也依然如此。这些孩子做出的手势和视力正常的对照组内的孩子所做的手势是一样的。从未见过手势的人怎么会做手势呢？艾弗森博士的研究揭示了大脑中手势形成和语言形成之间的内在联系。艾弗森博士写道："即使明知对方是盲人，从未见过手势的人（在交谈中）仍会做手势。这个事实表明，做手势和说话在我们大脑中是以某种非常基本的方式紧密相连的。"做手势不仅有助于发言者组织语言，而且手势的展现也有助于听众理解所听到的内容。

《语言与社会互动研究》（*Research on Language and Social Interaction*）杂志出版过一期专刊，名为《社会互动中的手势与解读》，其中的研究揭示了思考、说话、做手势和聆听之间的重要联系。一项研究表明，相比未使用手势的讲述，边做手势边讲述可以将听众的理解力提升一倍。另一项研究是向研究对象讲述一个简短的故事，然后给出一个不完整的该故事手抄本，要求研究对象补充缺漏的内容。研究人员最终得出的结论是："在研究对象所补充的内容中，配有明确手势讲述的内容的准确性较高。"这些例子均表明，做手势有助于听众记住你所讲述的内容。

另一项同类研究发现："人们能从发言者的手势中获取信息，因为这些手势与语言中传达出的信息是相关联的。"你的手势可以为听众提供重要的信息。其他研究得出的结论是："手势和语言有助于听众更全面地理解所讲述的内容，有时，手势甚至会成为帮助他们理解的关键因素。”手势可以微妙地暗示你的意图和观点，这是有助于听众理解的关键，也能让法官、陪审团或仲裁员更好地理解你的发言。所有研究都指向了这一结论：如果想让人们理解、记住并相信你所说的话，手势必不可少。

做手势还可以帮你记住发言的内容，让你表现得更精彩。宾夕法尼亚大学的研究人员亚当·肯登（Adam Kendon）声称，手势可以帮助发言者回忆起合适的词语。《心理科学》杂志报道了芝加哥大学的苏珊·戈尔丁梅多博士和同事们的一项发现，在回忆所背单词时，被允许做手势的人比其他人回忆的单词量平均多出 20%。换句话说，手势有助于提高你检索和回忆词语的能力。如果做手势能帮你多记住和回忆起 20% 的发言内容，那么它显然是增强说服力的一个关键因素。

关于说话、手势和理解间紧密联系的更多科学证据，体现在大卫·麦克尼尔的《手和思维》和苏珊·戈尔丁梅多的《聆听手势：双手是如何帮助我们思考的》中。神经系统学家弗兰克·R. 威尔逊的《手的使用是如何塑造大脑、语言和人类文化的》则为解答这个问题提供了人类学的视角。

◎ 手势自然的艺术

英语世界中最伟大的剧作家曾经说过，手势的学问是科学与艺术相契合的完美典范。威廉·莎士比亚借用《哈姆雷特》

中的主人公，提出了以下切实可行的建议。在题为《〈哈姆雷特〉送给演员的建议》的演讲中，莎士比亚建议说："动作要配合台词，台词要配合动作。"

莎士比亚的建议证实了艾弗森博士的观察结论，即"在人脑中，手势和语言的形成是以某种非常基本的方式紧密联系在一起的"。手势自然的艺术和科学都要求手势应配合或符合发言内容，发言内容要在逻辑上适合双手的动作。做手势不应情绪化或戏剧化，而应自然合理。

◎ 激活自己的专属手势

你总会有边说话边做手势的经历（无论是坐着还是站着），你的身体会出于本能下意识地知道该如何做手势，但是你需要掌握技巧以便在每次开始发言时启动自己的手势。也就是先想好自己的手势；一旦开始做手势了，就不要再想了。

启动自然手势类似于激活一块耗完电量的汽车电池。在这个过程中，你要用跨接线连接一块有电的电池和一块没电的电池。当你转动钥匙启动点火开关时，有电的电池会发动没电的电池。一旦发动机开始运转，电流就会开始流动，你就可以拔掉跨接线、盖上引擎盖，然后开车离开。

在发言开场阶段，由于忸怩不安、焦虑或认为做手势会分散注意力这种错误观念，你做手势的本能会被禁锢，正如处于零下二十摄氏度的汽车电池会"罢工"。为了启动手势，你要把大脑当作能量来源，把有意识的思维当作跨接线并连接做手势的本能，接着转动钥匙启动。在发言开始阶段，做手势时应从容不迫，动作要配合发言内容。另外，要确保你做手势的“引擎”一直在运行。

◎ 先去感知

当你学习弹吉他、跳探戈舞或如何挥动高尔夫球杆时，你可能会在开始阶段感觉自己的动作有些笨拙，但最终你会找到感觉。为了学习一种新的动作技巧，你在开始阶段会热衷于思考应该做的动作，这一过程发生在大脑前额叶皮质区。学习弹吉他时，你会煞费苦心地琢磨每个和弦：食指应该放在这里，中指要放在那里，无名指应该放在那里，小指要放在这里。你一旦找到感觉，运动皮层就会开始发挥作用。你的手指会依靠肌肉记忆放在吉他弦上。你在想着“C 大调和弦”时，手指就自然知道该放在何处。

同样，你在第一次尝试有意识地做手势时可能会感觉别扭。别着急，这些手势实际上是自然的，是大脑有意识的活动让你觉得双手做这些动作很别扭。有意识地做手势需要掌握技巧，所以你首先要进行学习和练习，在练习次数足够多后，它就会成为第二天性。你激发的是一种原始的本能，这与学习诸如高尔夫或网球技能是不同的。做手势是做到能言善辩的必备能力。不要因起初遇到的困窘而沮丧，要持续练习技巧直至找到感觉。

即使你的手势应该体现出独特的个人风格，但仍有些观点是普遍适用于所有人的。当你观察自己和其他发言者的手势时，要特别注意这些手势的幅度大小、持续时间以及与说话内容之间的联系。做手势时要注意观察手的具体姿态，以及双手在静止状态下所处的位置。不要只盯着演讲者的面部，要观察他们的双手。

◎ 手势区域

自然的手势具有可观察、可量化的特点。例如，人们在对话时会使用幅度相当大的手势。手势动作得以在身前展开的这片区域，我们称为“手势区域”，该区域是一个较大的矩形空间，大约 2 英尺高、4 英尺宽。垂直方向的区域是从腰部到鼻子。我们很少会在腰部以下或肩膀以上的区域做手势。水平方向的区域是身体两侧各超出约 2 英尺的距离——几乎是双臂完全伸展开的长度。即使坐着，你的手势动作通常也会在这一区域内完成。

当你在商场、餐馆或机场时，观察发生在你周围的生动的对话场景，并注意观察大家手势动作的幅度；当参与会议聆听别人发言时，也留意一下他们的双手。观察人们在电视和电影中的手势，而且要在关闭声音的情况下观察。你会惊讶于自然的手势幅度如此之大。正如苏珊·戈尔丁 – 梅多博士的书名所表达的含义，你要学会“聆听”手势。交谈中既要听人们说话的内容，也要观察他们的双手，观察手势区域的大小以及语言和手势间明显的关联。

手势动作通常需要整条手臂（从肩膀到双手）的参与。这并非意味着所有的手势都是大幅度的、舒展的动作；许多手势并非如此。但多数手势动作需要使用整条手臂来展现。伸展手臂就可以轻松占据这片区域，当你感到“腋窝下留有空间”时，就说明手势动作的幅度已经相当大了。

使用整条手臂做手势，可以帮你避开出庭律师因紧张而常犯的一个错误：做手势时只使用手腕或小臂。出庭律师因焦虑会将大臂紧贴身体，仿佛肘部被固定在肋骨上似的。这样做不仅会缩小手势区域，而且会限制手势的幅度，使手势看起来不自然。幅度较小的手势看起来既不舒展也不流畅；做手势的区域也显得狭小。出于自我保护的本能，你会用手和小臂挡在重要器官前以保护自身，但这样做会让手势显得不果断且受约束。这种受限制的手势只会暴露出演讲者的焦虑情绪，而对阐明说话内容的含义没有丝毫帮助。这种手势的持续时间不够长，因此，也无法有助于增强语言表现力。也就是莎士比亚所说的，动作与讲话内容不搭配。

除了动作幅度大且要充分利用手势区域，手势通常要持续较长时间。观察对话中所使用的一种手势模式所持续的时间，在持续时间方面，一些具有标志性和文化特异性的手势，同对话中使用的流畅的手势模式完全不同。

在说话的同时不间断地做手势并持续几分钟的现象很常见，尤其在人们充满激情且有理有据地说话的情况下。事实上，激情而富有说服力的发言需要流畅、放松且持续时间较长的手势做辅助。

◎ 做手势的冲动

当你需要强调某些内容，但又无法做出强调的手势时（无论是因为紧张还是认为做手势不妥），人的本能会不可避免地以某种不恰当的方式得以显现，比如，抖动手指、轻拍手腕或摆动小臂。这些动作不完全属于手势，而是想做手势的冲动行为，这表明身体在本能地试图做手势，却由于忸怩和紧张没能做成。当你仔细观察这些冲动行为，你会发现冲动行为和语言间的直接联系。冲动行为并不仅表现为坐立不安，还表明了语言和手势在大脑中形成的联系。出于本能，双手知道哪些词语是重要的、需要强调的。尤其在说到阐明含义的关键词时，你会产生做手势的冲动。

在你无法做手势且只能抖动手指和摆动小臂的情况下，听众只能通过你的语言捕捉信息。如果手势受到约束，你的发言往往会单调乏味。另外，由于缺少必要的手势做辅助或使用的手势效果较弱，你无法清晰地表达和强调观点。在这种情况下，你的语言表达效果和听众的感受都会因此受到影响。

如果你想知道做手势的冲动有多么强烈，可以回想人们在说话时把手伸进口袋的频率有多高。即使将手放进口袋，手也无法保持安静。双手会将口袋里的钱币摆弄得叮当作响，双手永远不会闲着。因此，做手势的冲动其实并未消失，只是换了一种方式得以体现，并且有时会妨碍信息表达并影响发言者。

总而言之，你在开始发言时，第一个手势要显得放松、流畅。为什么我们会称赞一位优秀的演讲者"她的表现真是一气呵成"呢？因为这是事实。相比较于紧张的发言者做出的快速且受约束的手势，自然的手势动作幅度更大、持续时间更长，且流畅不磕绊、缓慢而不急促。鉴于手势、说话和思考之间的关联，保持手臂和双手动作的流畅有助于语言的连贯和情感的自然流露。

准 备 姿 势

没有人会一直做手势，即使是特别喜欢做手势的人也不会一直做手势。双手在运动或静止不动时，手势会在双手动作转换间发生变化。你的双手需要摆出一种能被列入"身体动作一览表"中的准备姿势。在发言前，如果你的双手已经处于随时准备做手势的状态，那么所做的手势会显得自然、流畅。

准备姿势的概念来自对从业时间较长的律师的观察和询问："你们不做手势时，会把手放在哪里？"他们给出的答案是：双手在齐腰处随意相触。小臂和双手不要紧贴腹部，以保证它们能随时活动。要采取放松的姿势，在小臂和腹部之间要留有距离。

思考这种姿势是否合理：在做准备姿势时，大臂的肌肉要保持少量的张力使双手能放置在齐腰处。如果没有这种肌肉张力，双手会下垂至腰部下方的裆部位置，并随意地放在胯部，紧张的出庭律师会毫无准备地这样做。尽管在等待电梯或自动取款机时，把手置于裆前是一个完美且自然的静止姿势，但将双手置于腰部下方的位置，不利于随时活动手臂和双手以准备做手势。所以当手臂无力地下垂时，手势的本能会难以发挥作用。

另外一些阻碍手势流畅进行的姿势包括：将手放在臀部后方（双手在背后紧握，军方称为“士兵在接受检阅时的稍息姿势”），将手放在讲台上或搭在律师的桌子上。准备姿势之所以有用，是因为处于准备姿势的双手位于经常做手势的区域：处于身体前方、与腰齐高且“伺机而动”。

思考一下：当你在身体正前方拿着书阅读时，你会把手放在何处？你放置双手的位置，与手臂和双手在你吃饭、写字、计算或使用手机时所处的位置大致相同。如果想要自然地做手势，你就应该把双手置于它们经常活动的区域。

对大多数人来说，准备姿势就是把手放在肚脐的正前方，二头肌稍微用力，手肘弯曲 90 度。而双手放置的位置正是

“手势区域”（垂直方向是从腰部至鼻子）的底部位置。你可以在说话前将双手放在这个位置，并在不做手势时将双手放回该位置，你会发现这样做更易于激发做手势的本能。

◎“隐形”准备姿势

我们经常在演说时和听众说：“我已经说了40分钟。有人注意到我不做手势时把手放在哪里吗？请举手。”有多少人举手呢？有时会有几个人，但通常没有人举手。这种现象很奇怪，大多数听众竟然没注意演讲者的准备姿势。然而，事实却是，发言者的双手处于准备姿势的位置，正好位于听众的视平线上。那么为什么结果会是这样呢？难道准备姿势真的是“隐形”的吗？

听众会盯着你的眼睛看，而并非双手。所以你可以相信，审判者在听你发言时不会有意识地关注你的准备姿势，即“双手在肚脐位置随意相触”这一动作是不会引起关注的。注意观察节目现场或电视上的各种发言者（如当地气象员、脱口秀主持人或战区的电视新闻记者），你会经常看到这种准备姿势。他们都会采用这种准备姿势，只是之前你根本没注意观察。现在，你终于发现了以前视而不见的现象！

◎ 千万别说“绝不”

你绝不可以把手放在口袋里、背后、裤裆前的位置吗？千万别说“绝不”。这些位置有时也是可行的选择。问题是，什么时候可以把手放在这些位置？你可以把手暂时放在裤裆前、臀部后、兜里或讲台上，但是你要知道，由于静止的身体会倾向于保持静止状态，一旦双手处于其中一种静止不动的姿势，双手停留在这些位置的时间会相当长而显得不妥。在演讲开始时，要避免将双手摆出这些静止的姿势。然而，一旦你释放了做手势的本能，就可以完全任由双手轮换做出各种手势。

多样性是生活的调味品，也是辩护技巧。陪审团在听证人回答问题时会将目光集中在证人身上，而不会关注你。因此，你可以抓住这一时机，将手部动作换成其中一种静止姿势，但注意不要持续太久！

◎ 准备的技巧

做准备姿势时，你的双手能以多种方式相互触碰。只要能保持双手不动并且感到舒适，你就可以任意选择接触方式。扭绞双手是紧张的表现，肾上腺素带来的能量会促使双手互相摩擦，但你要学会利用这种能量帮助自己做手势。切记，你在保持双手不动时仍要做好随时做手势的准备。小臂不应长时间紧贴腹部，因为这是双手休息的姿势，而不是准备的姿势。

摆好准备姿势后，你就可以随时开始做手势了。你如果保持准备姿势过久，就会看起来像在参加宗教活动。祈祷时需要交叉手指，但在做准备姿势时要抑制这种冲动。你如果交叉手指，就会发觉手指间只要一点拉力就能让双手紧扣、难以分开。

如果你的腰围较宽或手臂不长、有啤酒肚或处于怀孕状态，你可能需要通过调整双手和双臂的高度以适合自己的身形。要试着寻找这样一种姿势：肘部弯曲至90度、双手伸开并随时准备做手势。

◎ 握住自己的手

“握住自己的手”是一种非常有用的准备姿势，尤其能帮助极度紧张的发言者。请试着摆出这种姿势：保持双手手掌朝前，将右手大拇指伸向外侧。再用左手轻轻地抓住右手大拇指，就像抓自行车车把一样。接着放松双手并转向肚脐，将双手放在适当的位置，这样就可以掩盖你握着拇指的真相。（见图1－1）“握住自己的手”的姿势可以让你通过握住温暖的大拇指而得到慰藉——但你可以随时快速松开大拇指并继续做手势。这种姿势远比握笔的姿势适合你！

图1－1 “握住自己的手”的姿势

自然手势的“三 R 理论”

你要在练习手势时提醒自己运用“三 R 理论”：“准备”、“做手势”和“放松”（ready，release，relax）。首先，双手要摆好准备姿势以“准备”做手势。你要在发言之前摆好准备姿势，并将之纳入“动作习惯一览表”中。第二个“R”（release）要求你在开始发言时，在手势区域内“释放”手势。切勿等待，立即做手势。（下一节会详述一些特别的手势。）你在说话时，双手和手臂在大部分时间内会处于“准备”姿势或“做手势”的状态。你会在提问证人时开始做手势，接着，你会在聆听回答时重新摆出准备姿势。有时，为了变化动作和感觉舒适，可以采用第三个“R”（relax）——“放松”双臂。将手臂轻轻放下并暂时垂于身体两侧，以释放手臂肌肉的紧张感。

一旦掌握了“三 R 理论”，你就可以结合“做手势”和“放松”时的动作，再创造出另外两种姿势。你在用右手做手势时，可以放松左臂并垂放于身体一侧；在用左手做手势时，可以放松右臂。换言之，不要总是同时用双手做手势；分别用两只手做不同的动作效果会更好。你在做手势时可以选择只用右手、只用左手或同时用双手，这意味着你有五种方式摆放手臂。你只需轮换使用这五种姿势，在大部分情况下使用“准备”和“做手势”的姿势，但偶尔要放松双臂或其中一条手臂。证人在直接询问环节回答问题，或法官在动议过程中向你提问时，你适合选用“放松”的姿势。(见图1-2)

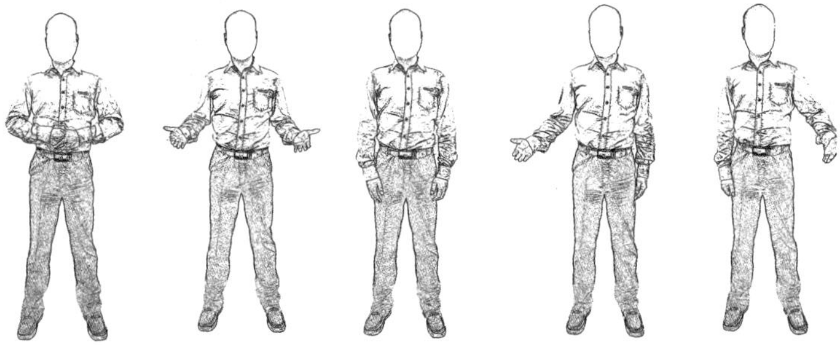

图1-2 自然手势

如果你已经尝试过准备姿势，却发现其用处不大，那就换用另一种做法。当你不做手势时，把双手置于身体两侧并处于“放松”状态，这种姿势效果不错。但你要注意，由于放松状态下手臂肌肉是松弛的，所以你如果想要开始流畅地做手势，则需有意识地用力抬起双臂。

◎ 呈现、竖劈、展示

一旦双手摆好准备姿势，你就要从容不迫地开始做第一个手势。对话中常用的手势有三种，有三个简单的词可以帮助你记忆：“呈现”、“竖劈”和“展示”。(见图1-3) 在私下多练习，直到你能自信从容地使用它们。

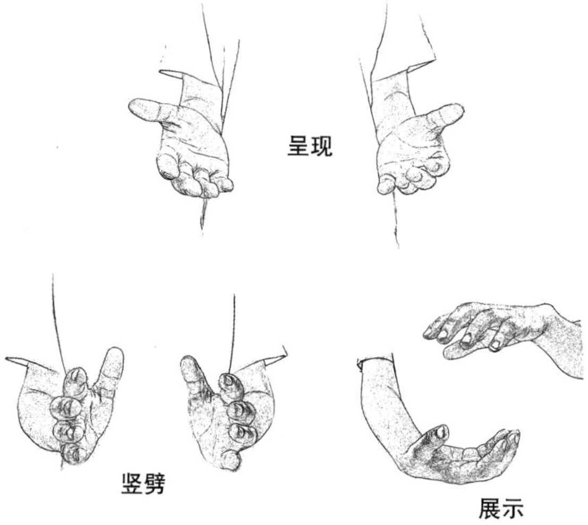

图 1 – 3　常用手势

呈现。当你向听众呈现事实或论点时，双手似乎也会做出“呈现”的动作。将双手张开，手掌朝上；手指伸直并稍微分开，手指间既不是紧挨在一起，也不能分开较大距离。看着自己的双手，现在做出这种手掌向上的手势。

不管是站立还是坐着，你都可以用一只手或双手做出这个手势。由于人们在提问时会做“呈现”手势，所以在法庭上采用该手势特别有效。如果你在询问时使用这个手势，那么它就成了“询问手势”。如同将一个放在手掌上的小物件递给证人一样，你仿佛真的把问题呈现给了对方。试着将手掌朝上摆出“询问手势”并微耸双肩。即使你不说话，该动作也能表明你在询问，因为这是一种能被大家普遍理解的身体语言。

竖劈。当人们强调说话内容和手势时，他们会将双手转至侧立状态，好像是在做空手道中“竖劈”的动作。你在做结案陈词或在交叉询问环节中询问重要的引导性问题时，使用这种手势会特别有效。在做强有力的口头陈述的同时做“竖劈”手势可以增强语言表现力。你可以用一只手或双手来完成有力度的“竖劈”动作，双手分开的距离应与肩同宽。

当双手分开的距离大于肩宽时，“竖劈”的动作不仅幅度大、充满力度，而且具有特别强调的作用。

如果你发现自己的手指会反复指向法官、陪审团或证人，那么只需转变手指方向来做“竖劈”手势即可。

如果伸直拇指以外的其他四根手指，“竖劈”手势会发挥强调作用；如果伸直五根手指，他人也不会介意；但仅伸直食指做这个手势则会令人厌恶。

展示。“展示”手势有时可以展现说话内容的字面含义。你在发言时，可以用双手做动作重现字面意思：

在接近十字路口时，他左手握着方向盘、右手拿着电话。

你的双手就如同视觉辅助工具，“展示”或演示出你所描述的内容。

在大声陈述时通过手势演示过程并熟悉这种方法，你就能不假思索地做出这些手势。

有时，“展示”手势可以阐释一个概念，其功能仍然是为听众提供视觉辅助。

每个手势都能向听众“展示”我们正在讲述的内容，比如，这个例子就说明了手势可以表达对立的观点。在对话时，听众可能会做出有效的回应，即“我理解你的困境”。手势可以将你所表述的字面内容可视化并展示给听众。

这三种手势可以激发你做手势的本能。如果你在起初有意识地采用“呈现”、“竖劈”和“展示”手势时感到别扭，不要觉得奇怪。你需要通过练习来找到运用这些手势的感觉。运用“三R理论”（“准备”、“做手势”和“放松”）以及采用三种手势（“呈现”、“竖劈”和“展示”），可以帮你应对做手势时面临的挑战。下面介绍最后一个专门描述手势的用语。

◎“在架子上”做手势

通过想象把想法放在“架子上”，可以帮你有效了解手势和启动手势。这个“架子”位于从腰部至鼻子这一手势区域的底部。你通常会在这一区域做出大多数自然的手势。因此，在每次起身发言时，你的面前都会有一个想象中的隐形的“架子”。当你的双手摆出准备姿势时，它们其实是置于这个隐形“架子”上的。这个“架子”一直存在，被用来界定手势区域的底部。在观察人们在对话中使用的手势时，你会留意到这些手势通常位于齐腰高的位置——在“架子上”，即使人们坐着做手势时也是如此。

你在做“呈现”、“竖劈”或“展示”手势时，都可以使用“架子”展现手势。例如，你向证人提问时做的动作，就如同用双手把一条大鱼放在“架子”上。

为了动作的多样化，你也可以只用左手或者右手在“架子上”做手势。放下书，然后在你身体前大约齐腰高的位置，用双手做“呈现”手势，接着轮换使用左手和右手做该手势。

你在说第一个字时要向前伸手，并保持这个姿势直到你说出最后一个字。要把整个问题从头至尾地全部“呈现”出来。

在做强调手势“竖劈”的动作时，这个隐形的“架子”就是武术家用空手道劈断木板的位置。当然，你不会那么猛力地做“竖劈”手势，但是要在齐腰高的“架子”上做这种手势。如果你是一名检察官，你可能会对陪审团说：“枪上有被告的指纹。”你要有底气地大声说出来，在说到“指纹”和“枪”这两个词时要做“竖劈”的手势。

最后一点，表达观点时所做的“展示”手势也要处于齐腰高的“架子”上。

现在，你可以多练习几次直至找到感觉。

◎ 分散注意力的手势

每个人都曾遇到这样的发言者，其手势让人分心甚至令人生厌。让人分心的手势与有用且有效的自然手势相比，有着本质的区别。

重复的手势会显得单调从而引人注目。如果你一再使用同样的手势，就会分散听众的注意力。这类手势会让人觉得你只是在口头表达的同时，用无聊、恼人的方式打着单调的节拍。所谓的“指挥棒手势”，则会让发言者如同游行乐队中笨拙且平庸的指挥。因此，你要避免这种重复做手势的情形。

不要用食指指向你的听众，因为这样会显得你在挑剔别人，而并非劝说。你要克制自己反复指向对方当事人的冲动。要避免做出“拇指木偶”的手势，这种手势在政客间很流行——轻轻攥住拳头，将拇指放在食指上并超出食指，这样的手势会使你看起来像个政客，而这并不会提高你的可信度。

要相信你的自然手势是不会重复、单调的，相反，同语言存在必然关联的手势是灵活多样的。

◎ 杜绝握笔

相当多的出庭律师声称，他们在发言时握着笔会更加从容。为什么一个细长的塑料圆筒能带来这样的舒适感和自信心？就像在写作时拿着麦克风一样，在发言时握笔其实是不合理的行为。但是，尽管这种方式有些不妥，人们在“该用双手做些什么”的问题面前会普遍选择把笔握在手里。

显然，你可以拿笔写下需要写的内容，但是写完就要放下笔。笔是用来写字而并非在说话中使用的。你如果握着笔，则必然会分散听众的注意力，因为你会敲笔、摆弄笔和转笔，这些无意识的烦躁不安的行为会让你无法做出有效的手势。或许肾上腺素带来的能量会促使你的双手摆弄笔，但是你要知道这会令你的听众心烦。

律师们喜欢握笔的真正原因是什么呢？因为在握笔时双手是处于准备状态的！因此，发言者常在齐腰处双手握笔。你可以保持准备姿势，但不要握笔。同样，你也不能手握马克笔、电视遥控器、激光笔以及眼镜等其他东西。如果你需要手握东西以获得安全感，那就试着采用“握自己的手”的手势。记住，放下手里所有东西！

手势总结

你的身体动作习惯有助于你完成做手势的准备。先调整站姿，接着摆正身体、有技巧地呼吸，并且在讲话之前做好双手的准备姿势。开口说话时，你应立即激发做手势的本能，在“架子上”做“呈现”、“竖劈”或“展示”这些手势。伸展你的手臂让“腋窝下留有空间”。这会帮助你找到更加缓慢、流畅、动作幅度大和持续时间长的手势。现在，你对“该用双手做些什么”的问题有了答案，那就多加练习这一方法直到它成为你的第二天性。

身姿挺拔

接下来要讨论的话题是“姿势”。什么姿势才是合适的？姿势是指身体所处的位置或姿态。我们可以想象这种完美的姿势：身体笔直挺拔，头部向上高昂。你可以在头脑中想象一位蓄势待发的运动员、站在舞台上的舞者或一列处于稍息姿势的士兵。

令人惊讶的是，你所学到的关于如何摆出合适姿势的传统观点可能是错误的。我们会让低头垂肩的孩子后展双肩，昂首挺胸。但是肩膀和胸部肌肉紧绷的感觉并不舒服。相反，你会因为紧绷上半身而显得紧张。由于这个所谓的合适的姿势让人很不自在，因此难以让人保持得住。

适当地调整你的背部、胸部、肩部、颈部和头部后，你才能摆出合适的姿势。你的整根脊柱——从尾骨向上至头骨，必须保持在一条直线上，这样才能让位于臀部和腿部之上的躯干、颈部和头部的姿势显得优雅。但摆出合适的姿势不仅需要调整肩膀和胸部。

后展肩膀和挺胸是应对这一真实存在的问题的错误方式。不合适的姿势似乎是溜肩含胸所致，但问题的真正原因其实是肩部和胸部上方的颈部和头部的错误位置。

◎ 头部和颈部

当想到你的身体时，你会把你的后脑勺和躯干想象成位于同一个平面吗？如果你能看到自己的侧面，你很可能会发现自己的头部和颈部是位于躯干前方的。由于你平时只能从镜子中看到自己的正面，镜子中前倾的头部和颈部与躯干间的距离可能会让你感到惊讶（除非你学过多年芭蕾舞或近期在军队中服役过）。一个非常糟糕的姿势是，前伸的颈部与肩膀呈 45 度角，头部位于躯干前方。当人群从你身边经过时，你可以观察这种现象，即头部牵引着身体在移动。和年纪小的孩子比较，你会发现他们的颈部挺直，头部是位于躯干正上方的。

当你前倾头部和颈部时，必然会溜肩含胸。“后展双肩”或“挺胸”的方法似乎有道理，但造成溜肩含胸的原因则是头部和颈部没有处于同一直线。后展双肩、昂首挺胸的方法并不能让你的头部和颈部归位于恰当的位置。最好的方式是，重新调整头部和颈部使其处于躯干正上方并保持平衡。这样做可以让你适当地调整肩膀和胸部姿势，以及消除紧张感。

◎ 挺直脊柱

舞者和舞台演员所接受的教导是，合适的姿势应该是一个找感觉的“方向”，而不是努力保持某种“姿势”。你应从头顶开始让身体保持“向上”的状态。想象头顶上方有根弹力绳在轻轻地向上拉动你的头部。当头部被上拉时，你的颈部就会伸直。绳子轻轻地上拉时，你既不能抬下巴也无法收下巴，你的面部会保持在自然的平面上直面前方。当你的头部和颈部上移时，肩膀和胸部会调整到适当的位置。

即使是此刻你在坐着读这本书的时候，你也会有这种感觉。你在拉长和伸直颈部时，可以想象有一股轻柔的力量在向上拉你的头部。试试看。为了找到肩膀的适当位置，你可以将肩膀耸起并靠近耳朵，再轻轻放下。重复几次这一动作来放松肩部肌肉。你根本不必用力后展双肩，因为你的脊柱能够轻松撑起双肩。一旦你将头部置于躯干正上方而非前方，你的体形会显得更高，姿势会更加得体。现在就起身站立，挺直身体吧！

◎ 坐着辩护

在某些司法管辖区内或仲裁期间，你需要坐着发言。如同站立时那样，你在端坐时同样需要注意自己的姿势。要遵循以下规则：

- 伸展你的脊椎。坐直，不要低头垂肩。
- 双脚放在地板上。
- 发言时坐在椅子边上。
- 身体不要前倾，把重心放在两肘之间。
- 手势要舒展，注意做手势的区域可能会缩小。

· 大声说话，不要离麦克风太近。

你的身体习惯包括你的呼吸，双脚、腿部、双臂、肩膀、背部、颈部和头部的动作。先做到能让头部保持在脊柱正上方合适的位置，接下来我们要探讨眼神接触时会遇到的挑战。我们先讨论关于面部的问题。

面　部

人们不会留心观察你的手势，是因为他们不关注你的手和臂。他们在倾听时会把注意力集中在你的面部，尤其是眼部。由于听众会关注你的面部，所以你说话时必须要注意自己的行为举止。

你知道自己的面部，是因为你能看见镜子里的自己。但镜子中的映像只是一种后向镜成像，与他人所见的实像并不相同。你的左脸在镜子中是位于右边的，反之亦然。也许这就是看视频会令人不安的原因之一吧，因为视频会真实显示出你的面部，右边脸就在右边，而你并不习惯看到这种形象。你在照镜子时并不交谈、争论或质疑，你只是被动地注视自己的脸，而这会扭曲你对自身和自然的面部表情的看法。

在出庭律师接受培训期间，律师们经常看着视频中的自己说："我竟然做出了这么多奇怪的面部表情！"但这些表情对其他人而言并不奇怪。你在视频中所看到的不自然的面部表情，可能正是别人常见的表情。面部表情也是构成行为方式的要素，因此你应该保持自然的表情。为了做到这一点，你需要更加关注自己的面部表情及其变化。

◎ 嘴部

注意你的嘴巴和嘴唇。面临压力时，有些人通常会紧抿嘴唇，流露出焦虑感；还有些人则会轻咬上嘴唇或下嘴唇。这些紧张的表情都较为不妥。相反，你的面部应显得放松和从容而不应流露出紧张感，最好是处于“适当警惕”的状态。这种状态会让你显得专注，不会流露出明显的情绪；你既不需微笑也不用皱眉。要做出这种表情，你需要稍微分开上下唇（距离不超过 0. 25 英寸），并通过嘴巴和鼻子呼吸。保持嘴唇微微分开，这样你就无法抿嘴唇、绷着嘴唇或咬嘴唇了。

如果你有无意识地皱眉、下意识撇嘴的习惯，那么你尤其要注意保持适当警惕状态，否则，你可能会在证人面前紧皱眉头、闷闷不乐。微张嘴巴可以帮助你舒展眉头。

◎ 皱眉

可能会表现出紧张的另一个身体部位是额头和眉毛。人在聚精会神时，通常会紧绷面部上半部分、眉毛上方和眉间的肌肉。这种眉头紧锁、全神贯注的表情会让你显得气恼、愤怒。你可以通过身体习惯来意识到前额的状态。所以，一定要把面部和眼部动作列入辅助记忆的“身体动作一览表”中，以避免给别人留下愁眉苦脸的负面印象。

前额肌肉的收缩使双眉挤在一起，从而形成“眉头紧锁”的表情。将额头的肌肉轻轻向两边移动，便可舒展眉头；将眉毛稍稍提起，便可消除紧张的神情。因此，每当感到前额肌肉和眉头紧缩时，你可以提起双眉。你可以从镜子里观察这种微妙的效果。轻轻地活动嘴巴和额头肌肉，这会让你虽显得警觉，但神态镇定，而不会看起来闷闷不乐或强装笑容。

◎ 眼神交流

人人皆知眼神交流的重要性。不管是面对法官、陪审团或仲裁员说话还是在私人谈话时，眼神交流都至关重要。可信度最终取决于对这个问题的应答：“你在同我说话时能直视我吗?”如果你不能直视审判者，你就不能取得审判者的信任。

倾听时必须要进行眼神交流。在证人回答你的问题时，你要有意识地用眼睛“倾听”，要注意观察对方以确保听清说话内容。同样，法官提问时你也应这样做。如果你盯着笔记而没有观察发言者，你会不可避免地错过某些重要信息。因为大脑无法在查看笔记的同时专注于倾听。

最后一点，你必须注意观察并集中注意力，有效地临场应变。如果你的眼神无法专注，你就无法做到全神贯注。在介绍“大脑”的章节中，我们会就这个观点深入论述，如果这一观点会影响你的眼部动作，那么对此进行思考就非常有意义。

尽管你知道应当直视别人的眼睛，但如果在背负压力的状态下发言，你会难以进行眼神交流。你在思考时眼睛看的地方会受到自身行为方式的影响。有些人在思考时会把目光投向天花板；有些人会盯着地板思考，而有些人则会将目光投向一侧。你无须改变自己的行为举止，但必须对其有所控制。如果你在思考接下来要说的话时将目光转向了天花板，那么不要盯着天花板看太久。你要注意自己的行为习惯并对之加以控制。短暂中止眼神交流并无大碍，但如果你的目光在天花板、地板或墙上停留太久，则会显得心烦意乱、心不在焉或一筹莫展。眼神交流的秘诀是不断地把目光转向人，而非物体。

试着遵循这个简单规则：等眼神转向另一个人之后再开口讲话。你要在询问证人时停止看笔记，在抬头看向证人席后再说话。要抑制说话时盯着看笔记的强烈冲动。要对着人说话，而非笔记。

眼神交流中面临的另一个挑战是，你要在法律诉讼中面对听众紧绷的表情。在谈话中，你偶尔会得到人们微妙的回应。他们会点头、抬眉、微笑、皱眉和发出令人宽慰的声音，以表明他们在聆听。其实我们都期望并且也需要得到某种身体和（或）语言上的回应，以证明我们正在被倾听。但实际情况是，你在面对法官、陪审团或仲裁员发言时，几乎是得不到任何反馈的。

如果一个朋友或同事用冷漠的表情看着你，你可能会感到疑惑："怎么了？他为什么那样看着我？"但是面无表情的陪审团几乎不会表露他们的任何想法。

这些紧绷的表情可能会令你生畏、让你分心，但对于正在听你说话的陪审团而言则是自然正常的。陪审团没有义务要用点头、微笑或皱眉表示回应。但值得庆幸的是，一些陪审团成员可能会做出有限的身体动作以示回应，而出庭律师往往会关注这些人。通常而言，陪审团都是面无表情的。他们可能看起来不太友好，甚至充满敌意，但你切勿因此乱了分寸。你要做的是，不管遇到什么困难，都要与所有陪审团成员进行眼神交流。切忌以貌取人。

眼神交流之所以具有挑战性，其中一个原因与我们的老朋友——肾上腺素有关。阿图·葛文德在他的著作《医生的修炼——在不完美中探索行医的真相》① 中，介绍了针对处于工作压力下的人会脸红这一现象的一项科学实验：

> 在几年前进行的一项独特的实验中，两位社会心理学家给受试者戴上面部温度传感器并相互连接，并让他们待在一面单向镜的一侧。然后，移开镜子，让所有的观众从另一边盯着他们看。观众一半时间戴着墨镜，一半时间不戴墨镜。令人感到奇怪的是，受试者只有在能看到观众的眼睛时才会脸红。

---

① *Complications*: *A Surgeon's Notes on A Imperfect Science*.

研究造成脸红现象原因的心理学家发现，仅仅通过眼神接触，就能让身体出现生理变化。面对观众或陪审团发言时的临场压力会引发肾上腺素分泌、血压升高，并且某些发言者会出现面部、颈部严重发红的现象。特别在发言开始阶段，观众把全部注意力集中在发言者身上的时候，这一现象尤为明显。但是这些受试者并不用说话，并且只是在所有人注视下静静站着，竟然会仅仅因为眼神接触就造成肾上腺素的激增以及血压、面部温度的上升。当墨镜挡住视线而无法进行眼神交流时，受试者就不会脸红。

被一群人盯着会引发“捕食者—猎物”反应和肾上腺素分泌导致的“战逃反应”。这种由于他人注视而产生的生理反应，可以有助于解释为什么许多发言者知道应该保持眼神接触的情况，却仍然难以做到保持眼神接触。

尽管眼神交流会遇到生理挑战，但你仍可以控制眼睛所关注的焦点。即使听众表情木讷，你也要单独并且反复地看向他们。持续的眼神交流会增强你的可信度，帮助你专注于证人的回答、法官的提问或法庭上的任何重要交流。

使用这个简单技巧来控制你的眼睛。在说话前静默的几秒钟内，你可以看向听众的四周，并与坐在四个角落的人进行眼神交流：前排最右边，后排最右边，后排最左边和前排最左边。所有你想要与之进行眼神接触的人都在这些目标区域内。如果你能扫视一圈观众席，则会有助于大脑观察坐在你面前的所有人。

眼神接触应该持续多久？有一个例子可以与“眼神接触持续的合理时间”相类比。想象你正在花园中浇水，你的目标是均匀浇灌花园里的每一棵植物。你随意地用水管来回扫过花园里的植物。你并不想只浇透一棵植物以至于冲刷掉根部的泥土，你希望均匀地浇灌所有植物。同样，当你看着听众时，眼神要保持一定的规律性和一致性。你的眼神可能会在每一双眼睛上逗留一两秒钟，但你可以营造一种感觉，仿佛你每时每刻都在与他们单独交谈。

本章前面的讨论提醒你要避免随意踱步。因为踱步会分散听众的注意力，使听众的目光随着你在法庭内毫无目的的走动而移动。踱步也会打断他们与你的眼神交流。在听众面前来回踱步所造成的影响之一就是你无法与所有人进行持续的眼神交流。当你朝一边走动时，你身后的人只能看到你的背影而非双眼；当你朝着相反方向走动时，另一侧的人就难以与你进行眼神接触。所以你应在大部分时间内保持站立不动，眼睛扫视四周，自然地与听众进行眼神交流。

◎ 眼睛和笔记

当你需要看笔记时，不必害怕停下来读稿。因为听众并不介意你偶尔看笔记，但他们的确介意你对着笔记说话。如果你起身逐字地读稿，听众的感受会很糟糕。（本书第二章详细讨论笔记问题)。审判者不喜欢听别人读稿，但他们知道律师偶尔需要看笔记。所以你在看笔记时不要慌张，停下来读，花时间看清楚已经讲到何处，再构思接下来要说的内容；然后抬起头注视某个人，接着再次开口说话。

本章小结

作为出庭律师，你要能够控制和协调身体，面对这一挑战，你必须承受住压力并且控制自己有意识和无意识的行为。有时你会出于本能从容不迫地做出一些动作，如采用自然的手势。其他情况下，有意识的大脑会帮你避免做出无意识的行为，如因紧张而坐立不安或来回踱步。仅仅告诉自己“要保持自然”是行不通的。

肾上腺素是一种自然的能量来源，但如果你不了解它、不引导它，肾上腺素可能会招致麻烦，你在每次发言时都要做好应对它的准备。你要意识到肾上腺素可能会让你的双腿、手臂、双手和声音发生颤抖。

有意识地呼吸，用呼吸技巧来控制音量、平静内心。发现并释放你做手势的自然本能，并确保你在每次开始发言时都能运用手势技巧。注意调整站姿，要保持表情从容、与审判者进行眼神交流。

培养一套发言时固定采用的动作习惯，并且加以练习，直至这种习惯成为你的第二天性。

说给自己的话

“在等待起身发言时，缓慢地深呼吸。”

“站稳脚跟、平静地吸气后再说话。”

“发言前环视所有人。”

“微张嘴巴，放松面部。”

“抬起双手，准备随时做手势。”

“启动手势，把开场词放在‘架子’上。”

“开始时，手势要缓慢、流畅且显得更加自然。”

“做‘呈现’手势，消除紧张感。”

第二章
大 脑

肾上腺素会对你的大脑和肌肉产生深远的影响。你必须了解肾上腺素是如何影响你的认知过程的，并学会如何控制和传送肾上腺素的能量。

肾上腺素会改变你对时间流逝的感知，而这会对你出庭时的表现、你能否在压力下逻辑清晰并有理有据地发言，产生正面或负面的影响。肾上腺素有时是敌，会让你更加紧张、语速过快；但它有时亦是友，能让你感觉有足够的时间来考虑要说的内容。

也许你已经注意到大多数人在公共场合发言时会因紧张而加快语速。其原因是，肾上腺素向发言者的大脑传送时会创造一种“时间弯曲”的假象，即感觉时间流逝的速度似乎变慢了。作为补偿，说话者通常会加快讲话的速度，但是说得太快会让发言者和听众难以进行思考。当你处于压力之下时，你需要额外的时间来考虑你的观点。这时，肾上腺素能助你一臂之力。

肾上腺素和时间弹性

在肾上腺素的刺激下，时间弹性现象可以为肌肉补给做出“战逃反应”所需的能量。受到威胁时，你必须决定是站在原地反抗，还是转身逃跑。当你面对生死抉择时，最理想的情况是你有足够的时间可以进行权衡并做出选择。但是你没有这么多时间，你必须立即对感知到的威胁做出反应。在危急时刻，肾上腺素会改变你对时间的感知，以此帮你做出正确的决定。这一刻，时间似乎放慢了脚步，让你能进行权衡并做出最佳选择。如果你经历过生死攸关的时刻，你对这种现象就不陌生了。

细想这一场景：

你正沿着街道朝十字路口行驶，现在是绿灯。作为一名有防范意识的驾驶员，你在接近十字路口时会左右扫视以确定没有车辆闯红灯。突然，驶来一辆车！一辆绿色的大型环卫车在红灯状态下疾驰而过，冲向你的车驾驶座一侧的车门。此时你只有3秒钟拯救自己的生命。你当时会认为自己无法保命，但如果得以幸存，你会回想起当时感觉时间变慢的情形。幸存者对他们经历的描述是一致的：“我在看到那辆环卫车时，我以为自己会死！”他们通常会补充道：“在那一刻，我一生的经历都闪现在眼前！”3秒钟内，你的整个人生如何能在眼前掠过呢？你经历过的往事一幕幕浮现在眼前，与此同时，你的大脑正在多个复杂选项间权衡利弊：

左转？不行，迎面有车！

右转？不行，人行道上有小孩！

急刹车？来不及了！

加速？可以，将油门踩到底！

尽管科学家们无法完全解释“时间弹性”现象产生的原理，但正是由于肾上腺素的作用，大脑似乎才能有额外的时间来完成所有复杂的判断和分析（包括速度、质量、距离甚至道德原则），以确保自身的安全。

人类对时间的体验是高度主观的。在日常生活中，你似乎会觉得时间过得较快或较慢，这取决于你所处的境遇。你在开心时，会觉得时间快似飞矢；在百无聊赖时，时间则慢如蜗行。当然，时间本身的长度是一定的：1 秒钟持续 1 秒钟，1 分钟经过 60 秒钟，1 小时耗费 60 分钟。

无论你觉得时间过得快还是慢，你对时间的主观感受也会受到大脑在特定时刻所处理的信息量的影响。在肾上腺素激增期间，在你对感知到的威胁立即做出分析和反应时，你的大脑会以极快的速度处理信息。在罗伯特·奥恩斯坦的经典著作《体验时间》① 中，他提到，有些研究发现，“你在一段时间内

---

① *On the Experience of Time.*

所思考的内容量，决定了这种主观感受持续的时长”。换句话说，如果你的大脑要处理的信息量增多了，如同处于生死攸关的情况下（或在辩护时）的状态，你可能会主观地感觉到时间的脚步变慢了。

另一个理论涉及心率和肾上腺素。罗伯特·奥恩斯坦提到了一项研究，该研究表明，“在一段时间内，心跳次数越多，你所感受到的时间就越慢”。你的静息心率大约是每分钟 60 次。在日常生活中，有规律的心跳节奏通常是“心脏一秒钟跳动一次”。然而，在肾上腺素的影响下，你的心率会急剧加速到每分钟 120 次甚至更多。你的大脑每分钟记录的心跳次数是原来的两倍，因此，在某段时间内，时长仿佛增加了一倍。

说起来有点矛盾，时间似乎会随着心率的加快而放慢速度。作为一位出庭律师，你可以把对时间流逝的主观感觉转化为自身优势，让它成为你的技巧之一，并训练自己借助和利用“时间弹性”现象。与其因“时间弹性”加快语速，不如利用这一现象给自己创造更多思考时间。作为出庭律师，此刻，你的眼前不会掠过人生的一幕幕经历，但你的脑海中却会浮现出所有的观点和语言。

◎ 寻求专注区

运动员在参加比赛时，肌肉和精神都会处于“兴奋”状态：肌肉会极其活跃，大脑思维会高度集中。知道如何利用

“时间弹性”现象的运动员，将这种高度专注的状态称为“进入状态”。处于专注状态时，运动员会有更多的时间选择采用哪种合适的动作，以便在比赛中取得成功。伟大的击球手泰德·威廉姆斯正是出色地利用了发生在击球区的“时间弯曲”现象。保持专注状态能让他在球场上有足够的时间来决定是否挥杆以及如何挥杆。网坛传奇人物罗杰·费德勒曾描述，在球从对手球拍飞出后，他会有足够的时间从容地回击这个似乎看起来较大、速度很慢的球。独行攀岩者彼得·克罗夫特也描述了在没有绳索的情况下攀登岩石时思维清晰和近乎超自然的专注状态。

对于正经受“时间弹性”现象的出庭律师来说，沉默令人惶恐不安。时间似乎流逝得很慢，以至于短暂的沉默也显得如此漫长，令人难熬。在发言开始阶段第一次感到肾上腺素激增时，这种感觉最为强烈。

在这些“漫长的”沉默中，紧张的出庭律师常常急于用“呃”“嗯”这样的思维噪声填补这段缄默无声的空白，并且语速会过快，但这种语速是无法长时间持续的。因为语速较快可能会填补沉默的时间，但同样也会消除你的思考时间，导致你无法在脑海中建构清晰、简洁的句子或问题。即使你能快速而逻辑清晰地发言，法官、陪审团、证人和法庭记者也无法跟上你的速度。即便他们可能听懂了你说的字句，也无法理解你要表达的含义。对于听众而言，如果你的语速太快，他们听到的内容就会左耳进右耳出。如果你赶着说话，语言必然会缺少说服力。这种沉默是由肾上腺素引发的“时间弹性”现象带来的“馈赠”，你要学会利用它！

正如其可以帮助运动员保持专注状态，肾上腺素造成的“时间弹性”现象对你也是有益无害的。如果你能利用好“时间弹性”，你感知到的沉默时间仍会比较长，但这种感觉会帮助你用更有效的方式发言。经过练习，“时间弹性”现象似乎会创造一段漫长的时间让你思考发言内容。3 秒的静默会让人感觉仿佛度过了 12 秒钟。有如此充足的思考时间真是太难得了！这样你就有充足的时间来选择合适的词语或准备下一句话，你就可以权衡利弊决定是结束一系列提问还是更深入地探讨某个话题，以及考虑措辞、回应反对意见或回答法官的提问。这种沉默能够发挥有价值的作用，成为你掌控发言的技巧。

你在开口之前，要注意感受房间里的沉默。在第一次起身时先不要说话，要停顿几秒钟，默数：1001，1002，1003。这段时间看似漫长，但实际并非如此。这样做的目的是让你全神贯注地感受房间里的寂静，并在发言时利用“沉默”这一技巧。你在发言中可以穿插一秒的停顿。说一个词组，停顿一次（沉默）；再说一个词组，停顿一次（沉默）。在每句句末，特别是在一个话题或一系列提问的最后，你要停顿久一点，然后仔细聆听。你在静默期间要进行思考！你会发现，一旦你注重运用沉默并将之穿插进发言过程中，你就会越来越得心应手，游刃有余。

利用“时间弹性”和它的伙伴——沉默，你的思维会更敏捷、发言会更精彩，并且听众能更容易理解你的发言、信服你说的话。沉默是思维活动过程中重要的一部分，听众需要时间进行思考。如果你想说服别人，则需要留给他们时间思考、理解。听众不会听信于你所说的话；他们只有在安静中做出思考后才会被说服。

不管听众是法官还是仲裁员，你都要顾及他们的思维活动过程，尤其在面对陪审团时更要注意，因为他们与你不同，他们并未接受过法律人的思维训练。陪审团所面临的挑战之一是要适应所面临的法律问题、法律术语和法律概念。比如，律师都知道这是外国领土，但陪审团需要用更多的时间来思考、充分理解你表达的意思，才能最终被说服。只有在你开始说话后，陪审团才需要时间考虑你说的话。而且，你考虑措辞的时间肯定少于陪审团思考你说话内容的时间。因此，要给听众留有思考、分析和形成观点的时间。

◎ 回声记忆

在法庭上，法官和陪审团会用到“回声记忆法”。正如“回声”一词本身暗示的含义，听众在聚精会神时，大脑中会经历这一过程：

在你发言时……“当你发言时……”

听众的大脑中……“听众的大脑中……”

回响着你说过的话……“回响着你说过的话。”

我们在日常生活中经常使用“回声记忆”的方法。例如，如果你听到一个电话号码，你可以大声读出以辅助记忆，直到你将号码输入智能手机。这种重复或回声有助于大脑记忆，因为我们会做与得到的指令相同的事。

在询问的过程中，审判者大脑中的回声记忆会以这种方式得以展示：

问：你靠什么谋生？

答：我是总承包人。

审判者：（哦，他是总承包人。）

学生在听教授讲课的同时做笔记，这也是在运用回声记忆方法。他们把教授说的重要观点重现在笔记本电脑或笔记上。然而，如果教授语速过快，学生们则无法有效地做笔记。不论听众是做笔记的学生还是只需注意你说话内容的陪审团，他们都需要时间理解你的观点。你向审判者提供的信息越复杂、重要，他们就需要花费越多的时间在脑海中回想这些信息、理解含义并最终被你说服。你给予听众时间思考你的说话内容，其实就是在利用“有说服力的沉默”。大家都熟知“沉默是金”，这句话来源于 19 世纪的一句格言——“言语是银，但沉默是金”，以强调沉默在交流中的关键作用。记住，言语很重要，沉默更是如此！

临场应变

一旦你意识到临场应变需要时间（和沉默），那么接下来就要知道如何才能做到临场应变。应该读笔记吗？记住了多少内容？能写出你想说的话吗？读笔记或者背笔记合适吗？

◎ 不要照读

不要读笔记。读笔记是极其不妥的行为。你可能会想这样做，并认为读笔记有助于你更好地表达观点。但这样做会产生的唯一的效果是，让别人感到无聊乏味！你很可能从未经过广播员和演员所接受的训练，因此无法流畅地朗读。朗读本身就是一门艺术，甚至连许多演员也无法很好地掌握这一能力。在每年的奥斯卡颁奖典礼上，一些著名演员在读电子提示器上的几行文字时都会显得很费力。

所有人在朗读时都会犯一些共性错误。比如，语速太快；阅读时用笔记遮住鼻子，且表情不自然、缺乏变化。如果你决定在法庭上朗读笔记，则鲜有机会直视听众，并且会降低自身可信度。你的声音和表现完全像在朗读——因为你确实在这样做！听众不会被你读笔记的行为愚弄。如果你想说服别人，就不能给他们读笔记，而是要面对他们说话。

在询问过程中，你在提问时要抑制住读笔记的欲望。你没有预言的天赋，所以在庭审开始前，你无法预测证人会说什么。即使在直接询问中，你也无法预测准备充分的证人会说的内容。你无法预测他人，尤其是在他人承受压力和感到紧张时更是如此。你可以读书面列出的问题，但前提是，询问者要仔细听证人回答每个问题时所用的确切的字词。下面的这个例子体现了出庭律师只盯着笔记读问题的情形。由于这位出庭律师没有认真倾听，因此没有注意到证人给出的每个答案中的第二点信息：

问：赫尔南德斯女士，请说出你的住址。

答：我和我的丈夫住在圣地亚哥。

问：你结婚了吗？

答：是的，我们还有两个孩子。

问：你有孩子吗？

答：有一个男孩和一个女孩，分别是6岁和8岁。

问：他们多大了？

尽管听起来会觉得可笑，但这是在庭审辩护培训中常见的滑稽现象。出庭律师误以为证人会给出自己想象中的答案。但实际上，证人给出的每个答案中的额外细节都会出乎意料。如果出庭律师因专注于读便签簿上列出的下一个问题，以至于未能仔细听证人正在做出的回答，则会引发严重的问题、产生荒唐的后果。

◎ 不要死背

背诵，即通过记忆来重述或朗读文本，是一种高度专业性的技巧。即使经过多年的训练和练习，舞台剧中的专业演员也需要数周的排练才能准确而自信地记住和背诵台词。作为一名忙碌的律师，你无法花费几周时间来记住发言内容。并且你会容易记错内容，而一次失误的出现就会削弱你的信心。

如果你一时想不出接下来要说的内容，则会陷入一筹莫展的境地。如果在你煞费苦心地记住你的开场白或结束语之后又出现了一个关键问题，那么如何将新的事实融入发言则会成为一个挑战。背诵记忆的内容会让听众觉得奇怪。你在背诵时会显得有些眼神呆滞，因为你的思想在别处：你在努力回忆所写的内容。因此，不要试图记忆和背诵你发言的内容，因为这样做容易在临场发言时出错。

既然你不打算读笔记也不准备背笔记，那么你只剩下一个选择：说话。

◎ 结构清晰的即兴发挥

作为出庭律师，你的思维方式应当被描述为“结构清晰的即兴发挥”。你要提前安排好计划在动议、上诉、开庭陈述、结案陈词或询问中所谈论话题的顺序，然后使用这种顺序结构逐字进行即兴发挥，这样就能达到谈话式发言的效果。实际上，你的大脑非常擅长这种思维模式和说话方式。

假设你对一位同事说，“我们需要讨论昨天的通话和明天要召开的会议”，那么你说话的结构则是：

1. 电话

2. 会议

使用这种由两部分信息组成的结构，你只需连贯地即兴说出具体的内容。作为出庭律师，你的发言越长，所包含的信息就越多。你在之前经验中所获得的技巧会帮你顺利地完成任务。

想一件你在生活中遇到的并多次说过的事情——一件可笑的、令人恐怖或离奇的个人经历。如果你要向听众讲述这段经历，一定不会犹豫或纠结，因为你曾经历了这个故事并且之前已经讲过或练习过多次了。现在设想你要立即向另一个听众再次讲述同一件事，有一点要求你永远无法达到，即必须一字不差地复述出第一次讲的内容。

你无法完成这一要求，也没人能够完成。但这并不表明你是因为突然记不起发生过的事情，这只能意味着即使是几分钟之前才说过的话，你也无法全部记住并一字不差地复述出来。如果你无法逐字逐句复述熟悉的经历，那你就更无法逐字复述近期写的法律文本。大脑的构造决定了你并不擅长做这种事。

讲述自己经历的故事需要结构清晰的即兴发挥。将事件发生的顺序作为结构；你可以围绕这一结构即兴发挥，用不同的词汇、短语和句子复述趣闻轶事。结构清晰的即兴发挥也适用于询问过程。根据你想讨论的话题范围设计问题，然后围绕这个结构即兴提问，同时要仔细倾听得到的回答。

在出庭辩护中运用结构清晰的即兴发挥，就像表演一种口头形式的爵士乐。你可以从容地处于这种认知状态中，平衡好精心设计的结构和自由的即兴发挥这两种对立的关系。你必须为希望和预期发生的事情提前做好准备。但是，你在开庭陈述或询问证人时需要应对的是现实发生的情形，这可能不同于你的预期。因此，你实际上应训练大脑建构和记住你的观点，而并非精准地记住你在现场要说的内容。

参加像橄榄球这种团体运动的运动员，会练习他们在比赛中打算采用的动作。然而，一旦比赛开始，如果传球被快如闪电的后卫截断或接球手滑倒时，球员必须临场应变。出庭辩护可以视作一种口头竞赛，在比赛中，类似的意想不到的事情可能并且的确会发生。出庭辩护就像比赛一样，有对方成员，有一名法官担任裁判，有比赛中要遵守的规则，有赢家和输家。与任何体育比赛一样，法庭辩护这场体现智慧的口头较量同样需要充分的练习和准备，需要即兴发挥、处理意外事件和灵活应变的能力。

◎ 切勿边读边说

你的大脑并不擅长边读边说。在日常生活中，要么说要么读，两者不要同时进行。笔记中用来读的内容，切勿语句冗长乏味。冗长乏味的笔记就是个陷阱。你写得越多，这些笔记用处就越小。当你面对听众发言时，你没有足够的时间读完所有字。如果你拿着冗长而详尽的手稿起身发言，你会禁不住想要读稿。由于你无法在阅读的同时自然地讲话，因此只能选择其一。你的大脑会选择读稿，因为这是更稳妥的选择。但是，读稿就难免会索然无味。

对口语表达和书面表达的处理是由大脑中不同的区域掌控的。能够“窥探”大脑思考过程的功能性核磁共振成像表明，掌控阅读和说话的大脑区域是不同的。试图在说话的同时读笔记，类似于在电脑中运行两种不兼容的软件程序，大脑中的认知性“硬盘”会崩溃。因此，你要挑选合适的认知性“软件”：面对听众说话。大声读稿的效果甚微，只有说话才能发挥作用，正如你在和别人对话时所做的那样。

劝诫你不要读笔记，并不意味着你不能用笔记辅助自己构思即兴发言的内容。听众知道发言者需要偶尔看提纲。看笔记是可行的，但绝不能对着笔记说话，这两者有着极大的区别，并且关乎时机的选择。有效制作笔记的要点就是，把笔记当作自己的视觉辅助工具。

◎ 笔记：视觉辅助工具

笔记是必备的。面对复杂的案件，置于讲台或会议桌上的笔记可以有助于你完成发言或询问，有助于你构思和记忆发言内容。当你的大脑一片空白时，笔记就是能让你内心踏实的安全保障。

真正有用的发言笔记可以作为视觉辅助工具使用。在目的和设计方面，这种笔记完全不同于你总结有关案件的观点时最初草草写下的“思考笔记”，它们也不同于对方律师询问证人时你在便笺簿上记下的“听讲笔记”。此外，这类“思考笔记”和“听讲笔记”上的字体不够大、字迹不够清晰，因此不能当作有效的视觉辅助工具。

好的视觉辅助工具可以提供清晰的结构，让发言者可以基于此结构即兴发挥。以下这些规则可以帮你制作法庭上发言要使用的笔记：

字体要大。你如果用电脑做笔记，则要将字号扩大至两倍或三倍，即从 10 磅或 12 磅扩大到 24 磅或 26 磅。你要制作清晰易读的笔记，这样你瞥一眼就能轻易找到内容，你会发现清晰易读的笔记可以让使用笔记的发言过程变得轻松简单。

手写笔记时，要使用笔头较粗的笔书写。这样即使距离较远，字体较大、线条较粗的字迹也能清晰可见。如果把字过小的笔记放在三四英尺外的会议桌上，则无法辨认。仔细想想你的眼睛和此刻阅读的书页之间的距离，如果你和放置笔记的讲台之间的距离，是你的眼睛和书页之间距离的两倍，那么笔记上的字体难道不应该被放大至两倍吗？如果笔记被置于三倍距离之外的会议桌上，难道它们不该被放大至通常字体的三倍吗？

字迹应清晰。书写笔记时应谨慎，笔记应清晰易辨。这一过程可能要投入时间和精力，但这是值得的。用红笔书写关键词、日期或金额，以强调其重要性；用黄色荧光笔标出重要的词汇。如果你书写的笔记字体较大、字迹清晰，就能避免在一页纸上书写的字数过多。此种做法是合适的。

笔记应简洁明了。少即是多。字数越少可能越有效。要将宏大的观点浓缩为“牵一发而动全身”的词语。记住，你在纸上写的字越多，笔记的效果就越差，而且你应避免使用枯燥乏味的句子。写下你所持观点的结构并围绕这一结构即兴发挥，切勿浪费时间写出这样的句子：“陪审团的各位，早上好，我的名字是……”

笔记应触手可及。把笔记放在容易看清字迹的位置。如果你被要求站在讲台后方发言，则需要后退大约 12 英寸——这样仅仅向下扫一眼，你就能看到笔记。你如果站在讲台侧面，则需要调整位置以便不用走动就能看清笔记。注意，要抑制走到讲台侧面后又前进一两步的冲动，因为在这种情况下，你如果不能在同一个水平线上往回走两步，就无法看到笔记内容。

要在能够看清笔记内容的位置上保持站立不动，尤其是在需要经常使用笔记的情况下。

横向书写笔记。一旦意识到书写方式与思维、说话及做手势的方式完全不同，你就能制作出更有用的发言笔记。简言之：书写是纵向的，但是思维和做手势是横向的。明白这个道理，你就能制作出与大脑记忆和双手做手势的方式相匹配的笔记。最重要的是，这甚至有利于听众理解和记住你的发言内容——毕竟这是你的目的。

当你读和写的时候，想法和文字会逐行地、自上而下地展现在打印纸或电脑屏幕上。人们在书写时所使用的诸如“如上所述”和“如下所论”之类的表达就体现了这种由上至下的方式。读和写时的思考方式就是自上而下的纵向过程。

说话时的思考方式则完全不同。你的想法和手势动作是来回地横向展开和完成的。这就是你在压力之下辩护时，使用传统的纵向笔记不会有丝毫帮助的原因。

为了证明你的思维方式是横向的，请思考“一方面……另一方面……”这种表达方式时会采用的手势。

列举另一个关于横向思维的例子，想象你边发言边做手势表示过去、现在和未来的不同时间点。你如何运用手势有逻辑地表示时间轴？

昨天我在工作；今天我待在家里；明天我要去度假。

你会在水平面上横向做手势表示过去、现在和未来的不同时间点。那么注意观察，边说这句话边自上而下纵向做手势是否会让人觉得奇怪。

昨天我在上班；

今天我待在家里；

明天我要去度假。

回顾第一章，发言者做手势时所在的水平面被称为“架子”。人们在无意识的状态下做手势时，仿佛是在用双手将词汇、观点和概念放置在面前隐形的“架子”上。这个“架子”大概齐腰高，发言者无论是坐着还是站着都似乎会使用它。

你的大脑是横向思考的，你的双手也是在“架子”上和水平方向做手势的，那么你的笔记也要符合这种横向模式。你应在每页纸上横向书写笔记，最好用较长的便笺簿，你能在14英寸长的纸上陈列大量的信息。你如果使用电脑做笔记，则要在横向打印格式下制作和打印笔记。我们在讲授本书所讨论的话题时，采用的就是横向笔记。

留意横向书写笔记的第二个好处，即这样能促使你的笔记具备有效的“视觉辅助工具”应有的特点：字体较大、内容简洁明了和更易读。由于你要在每栏狭窄的空间内展现观点，因此你只能列出要点和关键词。这会帮你避免整句地书写笔记，在你没有时间读它们时，书写完整的句子无法提升发言效果。

横向书写笔记的第三个好处就是具有灵活性。如果你准备向法官提出的动议包含三条事项，那么就分三栏陈列。如果法官打断你的发言并要求首先听第三条事项，你就能轻松地临场应变。横向书写的笔记如同路线图，你可以从左至右读，也可以从右至左读。

设想对于“涉及义务、不履行义务和损害赔偿的法律责任”的辩护。

你首先会强调义务问题，接着描述义务未履行的表现，最后讨论损害问题。你的思路会随着横向笔记进行，你的双手沿着“架子”，用空手道中“竖劈”的动作轻柔地做手势，而听众的想法是，“我能明白你说的内容”。

你思考、做手势和做笔记的方式都应遵循一致的横向模式。如此一来，你在思路突然中断时就能明确知道要看哪些内容。

如果非要给横向书写笔记挑一个毛病，那就要提及一个与听众视角有关的问题。当你根据笔记内容从左至右依次做手势时，从观众的角度看来却似乎在向观众倒叙观点。

大家都能想到的应对方法是：颠倒笔记中要点出现的先后次序，从右至左依次做手势。这样，从法官、陪审团或仲裁员的角度看到的手势就会是从左至右依次出现的。

多加练习，这种方法就会成为你的第二天性。你这样做是出于对听众视角的考虑。你只需记住一点：每组手势都应从你身体右侧依次展开。

1. 练习使用笔记。你在发言过程中看笔记时，要保持声音洪亮。在发言中使用笔记的技巧必须通过练习才能掌握。发言的同时要保持眼神接触，还要偶尔扫视笔记，做到这些并非易事，需要经过努力练习。

2. 需要时再看笔记。如果你需要仔细看笔记来确定要说的话，你只需要说："我们继续下面的内容。"使用这种通用的过渡句表明你要查看笔记中下一个话题的内容。你在看笔记时不要心急，听众知道你在看笔记，对此他们并不会介意。他们正在思考你刚说过的内容，或思考询问过程中听到的提问和回答。陪审团并不介意你中断发言。你看笔记时恰好能让他们稍作休息，类似于电视或广播中的广告（"休息一下，马上回来"）。一旦你看完笔记，就要抬头面对听众并直视他们发言。如果你能这样做，听众就会在你查看笔记时保持耐心。

你在看笔记时要认真查看并读出所写内容。你可以快速回看刚说过的话题，如果发现有遗漏的内容，则应补充说明："抱歉，在上个话题中，我忘了提某些重要内容。"这样，你就能把忘词这一失误转化为补充所遗漏重点的机会。由于听众会将注意力放在你要补充的重点内容上，所以并不会关注你的失误。出庭律师如此依赖笔记的原因之一是，他们在忘记某些重要内容时会不知所措。其实你不必担心忘词。在查看笔记时，你应花些时间确定已经提及上一个话题中的全部重点，之后再说下一个话题。

◎ 应对忘词

许多出庭律师会一直盯着笔记，因为他们正深陷“如果忘词该怎么办”之类的担忧中。但这种担忧是没有必要的！你要考虑的应是：“我如果忘词了，要如何应对呢？”你在顶着压力发言时会遇到偶尔忘词的情形，你在和朋友交谈时思路也会容易被打断，这时你可以稍作停顿后承认：“我的思路断了，我刚才说了什么？”如果这种现象会在日常交谈中发生，那么也必定会在现场发言时发生。显而易见的解决方法是，做好应对忘词情形发生的准备。你要明白自己是可能会忘词的，并且要提前做好应对准备。

我们已经提到过，类似“我们继续下面的内容”的过渡句能够表明你正在看笔记、专心整理思路。由于你会继续往下说，那么查看笔记上所列的下一个话题则是合情合理的。或者，你也可以使用该过渡句以获得思考的时间。审判者会理解你当下的行为，因为你已经表明自己会继续说，他们也能看出你在思考问题。在这一刻，你只需保持沉默、从容应对。相信听众能感受到你的思考过程。不要慌张，认真思考下一个话题即可。

如果你在即将转换话题时却忘了接下来要说的内容，那就直接大声说出心中的疑问："下一个话题是什么呢？"在说出这一问题的同时，你可以查看笔记并找到答案。我们常在讲故事时用这种方法。

你在开庭陈述中叙述事情过程时，也可以采用同样的表达技巧：

接着，他们在10月28日签订合同。那么接下来发生了什么呢？11月3日，原告……

但是当你记不起确切的事实（如日期或金额）时该怎么办呢？应对这种情形的方法之一是，你可以说：

合同签订的日期是（但你突然记不住确切的时间，因此你说）……

我要确认这一时间（开始查询笔记）……

签订日期是10月28日。

在说"需要确认日期"时，你应有目的性地查阅笔记，以确认回答是正确无误的。这种行为能体现出你的严谨态度，甚至能提高你的可信度。

弥补忘词的最后一种方法是，你可以采用在日常谈话中应对忘词情形的做法，即直接说："抱歉，我的思路断了。"如果你自身没有因忘词而感到困扰，那么你的听众也不会对此耿耿于怀。毕竟忘词是难免的，听众也经常会在日常对话中忘词。

在尝试使用所有技巧之前，你应静默片刻直到确定是真的无法记起要说的内容。你并非总能脱口而出下一个观点，但它一定藏在脑海中某个地方，你只需花些时间回忆。你要意识到这种情况下最易产生“时间弹性”现象。你不必慌张，只需慢慢地努力回想观点。深呼吸，伸开双手，安静思考一会儿。你如果仍然毫无头绪，则选择应对这一问题并使用上述技巧。如果你能未雨绸缪，事先练习应对忘词时会说的语句，你就能在忘词时从容应对。现在就开始练习，大声说：

我们继续下面的内容。

下面说些什么呢？

接下来发生了什么？

我需要确认一下。

抱歉，我的思路断了。

◎ 写稿：初步准备步骤

有些出庭律师认为，在笔记定稿前必须要先写出发言内容。如果你认为写出陈述内容是准备发言的必要步骤之一，那就写下来。但你要认识到，写稿仅是准备过程中的过渡步骤。你的写作风格与发言风格不尽相同，因为你在法学院所接受的训练是律师文书写作，而不是对话式写作。没有人会用法律文书式语言说话。即使你具有过目不忘的完美记忆力，并且能起身自信而准确地复述出写出的每个字，但你的语言仍会听起来非常别扭。你在大声复述时如果只是生硬地堆砌法言法语，则效果是微乎其微的，因为听起来会过于书面化和矫揉造作。但是，如果写下发言内容会有助于你整理思绪、组织语言，那就写出来吧。但你接下来需要制作一个易读的视觉辅助工具，也就是横向书写笔记。一旦你在纸上写下发言内容的框架结构，就要围绕该框架即兴发挥。

◎ 避免回想

你不应该为了逐字复述而背诵发言稿，这一点相当重要。你如果试图复述背诵内容，就会发现自己是在“回想”内容。你的大脑无法在回想背诵内容的同时思考接下来要说的话，因为你的思维过程最终会因受到干扰而中断。你的发言稿只是发言的一个文稿——并且可能并非最好的文稿。当你第一次练习大声发言时，你的表达会围绕文稿中的框架结构，但会使用与文稿中不同的词汇。当你再次练习时，你仍会围绕相同结构但使用其他词汇进行表达。因此，你在发言时应持续思考接下来要说的话而并非回想发言稿的内容。在每次练习时，你都会构思和组织不同的语言描述观点。即使会变动某些措辞，你仍会采用同一框架结构。经过练习，你的语言会更加自然、流畅，表现会更好。为了更好地理解“持续思考接下来的说话内容”是如何保持思维的连贯性，你可以参考认知心理学领域中的一个概念：语块。

◎ 语块记忆法

人脑倾向于以语块为单位接收信息。在必须回想大量信息时，大脑往往会把许多信息碎片整合成语块，以便简化记忆。10 位数的电话号码就是一个很好的例子。由于人们难以记住 10 个数字，电话号码就被“语块化”为三部分：(555) 123 - 4567。括号和连字符将 10 个数字归为 3 组语块以便于记忆。相应地，大脑也倾向于把内容较多、复杂的概念拆分成较小的、便于处理的语块，例如：

1. 个人信息
2. 教育背景
3. 工作经验
4. 事故发生日期

你的笔记会涉及你出庭时要谈及的重要话题（或语块）。有助于听众理解发言内容的框架结构的方法之一是，清晰地表述每个话题或语块的开头和结尾。语块可以指范围较大的话题和概念在宏观层面的结构，也可以指有助于理解句子在微观层面结构的概念。下一章对于“声音”技巧的论述，就是以这种结构为基础展开的。

首位效应和近因效应

沟通理论中的首位效应和近因效应，是指听众往往会密切关注发言的开场和结束。随着听众的注意力和记忆力下降，他们会在发言中途走神。当听众听到发言即将结束的提示（“总之……”）时，他们会再次提高注意力。

你有一个能引起听众兴趣的稍纵即逝的机会。如果你在开场时就抓住了这一机会，则能轻易保持听众对你的关注。你的发言必须从开场就能在风格和内容上引人入胜。如果你听起来好像并不在乎自己说的话或者说话语无伦次，那么你就白白浪费了这次机会。切勿用以下这些无意义的填充词开场，比如：

这是一个简单的案子……（这几乎是不可能的，否则应该已经得到解决了。）

我有一些问题……（这绝不是真的。）

王先生，你今天还好吗？（你并不是真的关心。）

各位陪审团成员，对方律师刚刚向你们说了大量的事实……（这是一种毫无意义的评论。）

你要在开场时抓住一切机会，说出你希望听众记住的内容。比如，你会问：“你驾驶的SUV（运动型多用途车）撞到轩尼诗女士时，你正在发短信，这难道不是事实吗？”陪审团成员必定会关注接下来你会说的话。的确，你无法每次都能在开场时成功“吸睛”，但你必须立即让听众觉得你已进入状态且沉浸在自己的发言中。所以你在发言开场时必须精力充沛、慷慨激昂，以表明接下来的发言会很精彩。如果你的发言内容无法吸引听众的注意力，你的语言表达方式和风格同样能让你引人注目和保持吸引力。

正如“吸引”和“保持”两个词语本身的含义，要“吸引”和“保持”听众的关注需要耗费精力，包括语言上和身体上的精力。作为一名出庭律师，你必须能立即进入状态。切勿在开场时无精打采地倚着讲台或将双手插在兜里。你不能在开场几分钟后才渐入佳境或逐渐变得精力充沛、情绪高昂和诙谐风趣。否则，在你进入状态且能游刃有余地运用发言技巧时，听众早已经走神了。

即便你在开场时就能立即引起听众的关注，你也要明白听众是无法聚精会神地听完全程的。由于他们的注意力时而集中时而分散，导致记忆力也起伏不定。清楚这一点后，作为出庭律师，你就得不断地引起那些走神的、心不在焉的听众的注意，让他们再次关注你的发言。

既然发言开场和结束时的效果会很好，那就多增添些开头和结尾形式的句子。不要认为你的发言只包含一个开头和一个结尾，而要清楚地明确和区分各个话题。每个话题都以标题形式开始（开头），以明确的语言结束（结尾）。如果直接询问中的话题 A 涉及你方证人的教育背景，那么你就要在一连串提问之前说明话题 A 的主题从而表明该话题的开始。例如，你可以说："毕托瓦女士，下面我们要谈谈你的教育背景。"在切换到话题 B（职业经历）之前，你要先结束话题 A（教育背景）："我们已经讨论了你的教育背景，那么现在我们来谈谈你的职业经历。"在交叉询问环节，律师可能会用这样的标题式语言："我们已经讨论了谁应承担维修暖气炉的责任，现在我们讨论关于年检的规定。"在刑事案件的开庭陈述或结案陈词中，检察官会在发言的开头和结尾这样说："陪审团的各位成员，我已经陈述了本州必须要证实的指控事实，现在我们要审查这些能证明所指控事实的证据！"当话题范围以这种方式界定时，你的发言中就会出现多处开头和结尾形式的句子。这样，在每个话题的开头和结尾处，你就能再次引起心不在焉的听众的关注，听众的注意力可能仍会在中途有所下降，但也不至于会走神。

利用首位效应和近因效应，可以帮你记住发言内容的框架结构。你在向审判者大声陈述所讨论的话题时，会发现这样做更易于自己专注思考以及引起陪审团对这一话题的关注。大声练习每个话题开头和结尾的标题，有助于你记忆发言内容。一旦你能串起所有话题，你的脑海中就能建立起一个清晰的框架结构。如果法官、陪审团或仲裁员能够理解你的发言结构，他们就更容易被你的发言内容所吸引。

态度：策略性选择

你的举止和语调会流露出你的态度。在日常生活中，你会根据场合的不同而调整态度。比如，你在葬礼上发表悼词的态度与你在婚礼上举杯敬酒时采用的态度是不同的；求职面试时需要的态度也不同于在家庭聚会上的态度。你会在未经刻意考虑的情况下自然转变态度。但是作为一名出庭律师，你需要考虑并选择最合适的态度以达成自己的目的。如果你不这么做，你的态度可能会与你的言辞或策略不相符。那么你的态度可能会走向两种极端：一种是漠不关心或毫不真诚，另一种则是情绪失控。

就开庭陈述而言，你要选择最符合发言主旨的态度。仅仅使用正确的词汇是不够的，要赢得他人的信任，你必须态度诚恳。你的关注点必须与语言表达一致。例如，你可以在开庭陈述的开头表达情感："这个案子是个悲剧。"然而，如果你没有传达出恰当的态度，这个句子就会毫无感情。如果你语调平淡、缺乏情感，那么听上去就如同在说："这个案子与西兰花有关。"因此，除了说出内容，你还要表达出话语中隐含的情感。

选择并练习你在询问环节会采用的态度。在询问自己的证人时为什么不能态度友好和善一点呢？如果你想让陪审团喜欢并信赖他们，那么你就得在话语中表现出你对他们的喜欢和信任。除非你有恰当的理由，否则你就要付出与朋友及同事谈话时相同程度的精力和你的证人说话。在交谈中要坚持自我。出于策略上的原因，你可能有时会和你方证人保持一定的情感距离，但这种情况极少。因此，在大多数情况下你应保持礼貌而好奇的态度。由于你已经知道了答案，因此你必须采取一种能让你显得对证人的回答颇感兴趣的态度，这一点非常重要。如果你想激起法官或陪审团对答案的兴趣，那么就要采用下面的态度提问：

充满好奇的

友好和善的

感兴趣的

赞同的

惊讶的

想一探究竟的

困惑的

被吸引住的

理解的

怜悯的

善解人意的

同情的

面对交叉询问时，你则要采用不同的态度。经验丰富的辩护律师告诫人们，不要在交叉询问时表现得残酷无情、充满敌意和具有攻击性。常言道："交叉不必交战。"如果你从证人会赞同的问题开始提问，那么从策略上讲，表现出同意的样子是较为明智的做法。如果证人在这些问题上与你发生争执，他就会先表现出敌意态度和做出不得体行为。优秀的出庭律师介绍了"让陪审团先表现出强烈感情"的重要性，也就是说，只有在陪审团希望或想让你表现强硬的情况下，你才能表现出强硬的态度。如果遇到该情形，你要考虑转变为以下态度：

感到沮丧的

恼羞成怒的

满腹狐疑的

吃惊的

惊愕的

震惊的

怀疑的

困惑的

讽刺的

轻蔑的

然而，你要当心，一旦有负面情绪，你就会很容易陷入这些敌对态度并且难以自拔。看一场剑拔弩张、火药味十足的交叉询问会令人生厌和气恼。因此，你要学会控制自己的情绪，从而让证人在交叉询问时感到措手不及。你在问不同类型的问题时，要采用不同的态度。如果证人在回应你咄咄逼人的提问时逐渐充满敌意，你就要开始转换态度，你的态度可以立即转为中立甚至是礼貌客气，让证人无法揣测你接下来的提问。如果你在争执中提高了嗓音，那么就要立即温柔细语地问一个问题，以便重新控制情绪、守住道德制高点。

你的态度也可以成为结案陈词时有力的策略性手段。你想要引起关注、得到认同和支持，你的结案陈词可能会感情充沛以引起听众情感上的共鸣，也可能是冷静理性、富有逻辑的。

在发言过程的每个阶段，你都要选择恰当的态度以符合语言的表达内容并实现所期望的目标。

◎ 镜像神经元

关于人脑中某种神经元的最新发现表明，你在公开发言时能即刻控制身体的行为，在神经学上有着重大的意义。这项发现始于一个有关猴子和花生的真实故事。

故事发生在意大利帕尔马（Parma）的神经科学实验室。有只猴子被用于研究控制运动的大脑区域，它的运动皮层在它拾起花生时会有异常反应，并且这个动作会引发实验室的电脑产生一种特有的嗡嗡声。

但是当猴子一动不动地坐在笼子里休息时，它的大脑依然会表现异常。一位研究人员走进实验室，注意到笼子旁的花生并走近准备拿起一颗。此时，猴子的大脑开始出现反应——引发电脑发出特有的嗡嗡声。猴子丝毫未动，但是其运动皮层的神经元因映射了它所看到的研究人员的动作而被激活，所以产生的信号和猴子自己运动时产生的信号相一致。

研究人员震惊了！这次意外的发现揭示了如今所谓的“镜像神经元”的秘密。猴脑和人脑中都存在这种神经元。我们可以用这句话总结镜像神经元的功能：所见即所是，所视即所为。

大脑映射我们所看到的动作，就好像我们自己在做同样的动作。镜像神经元解释了人类能理解他人的原因之一。从神经学角度来看，我们不只是在看他们，也成了他们。这些神经元有助于解释为什么观看的比赛是如此扣人心弦，以及为什么粉丝会如此情绪高昂。运动员不可能接住的球或无法完成的跳跃会显得如此引人入胜，是因为粉丝不仅是在旁观动作，他们也会由于大脑对这场精彩比赛的映射而体验到相同的举动。所视即所为。

这也解释了人们看悲伤的电影会哭泣的原因。演技精湛的演员能让我们从他们的面部和身上感受到“真实”的情绪，从而激活我们的镜像神经元，接着，我们的镜像神经元会与大脑边缘系统（控制情绪的系统）互动。当我们观看电影或戏剧中演技精湛的场景时，演员们的行为和我们的感受会产生共鸣，我们就如同在经历看到的场景。

类似地，你可以利用镜像神经元系统，让观众感受到你的自信和从容。当你站在陪审团前，你的大脑就会被某种控制自身行为的模式激活。如果能同时对你和听众的大脑做功能性核磁共振，你会发现听众的大脑中会映射出你大脑的工作模式。看着你就能成为你，注视你的行为就如同自己在经历一样。

如果你表现得非常紧张——双脚乱动，手势动作幅度较小、较快且不流畅，眼神飘忽不定，你的紧张表现会激活大脑神经元，同样也会激活听众的镜像神经元，让他们坐立不安。

如果你表现得自信从容，听众也会随之放松。你要迅速掌控自己和听众对你的印象所带来的影响。你要做到站立不动、注意呼吸方式、舒展地做手势和保持眼神接触。这些动作有助于你沉着镇定，显示出你的自信从容。审判者也会把自身的感受表现出来反馈给你。当你真正和陪审团建立联系，你就能真正体会到出庭辩护的过程是一场让你情绪高昂、精神振奋的挑战，并沉浸其中。

在法庭上使用电子证据

在法庭上通过投影展示电子证据的现象日益普遍，这种方式也受到了知悉其效率和影响力的法官的鼓励。尽管探究如何挑选和设计效果不错的幻灯片超出了本书的范围，但是在法庭上的沟通过程中，出庭律师和投影图像之间的互动是很重要的。

一旦你选好要投影的合适图像，接下来就要面临“时间安排”和“关注点”的挑战。每个影像要在屏幕上展示多久，才够陪审团阅读、领会和理解其内容？在展示期间，你应把他们的注意力引向何处才能达到自己的目的？

将时间安排和关注点这两个问题与你在职业交谈中的做法进行比较，你可以获得启发。如果你在递给同事文件时说“读读这份文件”，她会感到困惑——“读完全部内容吗？读哪部分内容？在文件中哪个地方？”因此，你应告诉她你希望她关注的部分：“读读最后一段，尤其是结尾那句话。”最重要的一点是，接下来你应保持安静，让她读。如果你仍继续说话，你的同事也许会抬眼一瞥并且抱怨道：“别说了！先让我读一读！”这正是陪审团面对电子证据时会陷入的窘境。你告诉陪审团要看完全部内容，或应关注哪部分内容了吗？你想让他们关注什么？如果陪审团已经知悉应关注的内容，你就应停止说话，让他们安静地阅读。

法庭内外，幻灯片的普及已经让各类发言者误以为，人类可以在倾听的同时完成阅读。事实并非如此，人类是无法做到的！正如你的同事无法在交谈时阅读一样，陪审团也无法在法庭上做到边听边读。

肾上腺素的分泌导致的“时间弹性”现象会让沉默显得

格外漫长，从而让你无法安心读稿。一旦在法庭上停止说话，沉默就会令你度日如年，因此你会在沉默片刻后立即开口说话。你总会觉得停顿时间到了或者似乎应该到了。所以，当你继续开口发言时，观众还未阅读和理解完屏幕上的内容，陪审团也会因此错失重点。因此，如果你不停地说话而导致上面这一情形的发生，那么最有说服力的幻灯片也会失去应有的效果。

你如果要在辩护时使用屏幕展现电子证据，就要将以下基本要领付诸实践。

1. 为了记录，要确认屏幕所展示的内容。将需要展示的图像投影在屏幕上之前，或者用辩护中采用的隐晦话语“向陪审团公布”之前，首先需要确保该影像已经被鉴定、标记、验证、提供和接受为证据。在你鉴定了文件并进行了标记、得到了证人的确认和他所提供的其他证据依据之后，你才能将其作为证据提交。例如，当证人承认该文件是某医院急诊室的接诊记录，并且你已经认证其为业务记录时，你才能将其作为证据提交。“尊敬的法官，我要将原告的第 18 号物证作为证据提交。”

一旦物证作为证据被接受，你就要征询法官的同意：“尊敬的法官，我能将其公布给陪审团吗?”得到法官的允许之后，你可以在屏幕上投影图像。为了做记录，你接下来必须对其进行标记。“这是原告的第 18 号物证，是来自医院急诊室的业务记录。”即使物证已经被接受为证据，你也不能随意指向幻灯片说“这是来自医院急诊室的接诊记录”。记录的内容要具体明确，要记下物证编号。

2. 告诉陪审团他们会看到的内容。在开庭陈述时，如果（并且仅是如果）你要使用此前已经被认可的证据，并得到允许可以在开庭陈述中使用，你要明确告诉陪审团他们将要审阅什么。“陪审团的各位成员，这是第 18 号物证，是去年 7 月 27 日当天医院急诊室的接诊记录。”告诉他们这部分内容所在位置以便他们证实你说的话：“如果你们看向文件中间内容的开头部分，就能看到医院的名字。接诊的日期与时间在其左边。”接着你要停止说话，留给他们时间去寻找、专注思考和阅读。可以喘口气并默念一些短语 3 秒钟。

如果投影的物证是一封信件，你要对其进行解释。例如，你可以说：“你可以在文件的顶部看见被告信件的信头，信头的右下方是信的日期、左下方是收信人的姓名和地址。”切勿以为陪审团的所有成员都找到了你所说的内容。比如，你在说顶部的日期时，有的陪审员可能在关注底部龙飞凤舞的签名。

你可以在发表结案陈词时说：“让我们看看证据。经过急诊室的医生作证，我们现在看到了被告的第 18 号物证。屏幕上的投影是急诊室去年 7 月 27 日当天的接诊记录。我们一起细看。”

3. 明确地告诉听众内容所在的位置。说话要具体明确。

切勿认为在没有你引导的情况下陪审团也能找到内容所在的位置。“看这一页的下半部分内容，找到‘诊断’一词，读读急诊医生在其一旁书写的内容。”

4. 与电脑操作员交流时保持礼貌。如果你足够幸运，能有一位助手帮忙操作电脑，那么你要和助手交流并保持礼貌和尊重。陪审团很可能更认同那个人，而不是你，所以你和助手的交谈态度在很大程度上会影响陪审团对你的评价。“理查德，请放大文件中间部分的内容。”你说话要具体明确，并且在使用技术性设备时，要做好准备应对不可避免的技术故障。

5. 解释屏幕上展示的内容和表明的重点。不同于出庭律师，许多陪审团在工作中并不会经常使用幻灯片。在你展示并放大文件的某一部分内容或用黄色标注重点文字时，你要告诉陪审团你正在做什么，因为他们不一定明白你这样做的目的。“现在展示的是整个文件，我们将放大页面的中间部分。请用黄色突出显示这一段以便陪审团阅读。”你可以通过解释屏幕上展示的内容以吸引陪审团的注意力。

6. 给他们时间阅读和理解文本。如果你要向陪审团展示合同、信件或邮件中较长的一部分内容，那么要确保他们有时间阅读（这只是挑战的开始），并确保留给陪审团充足的时间理解文本的意思（这才是你的重点）。要给他们留些时间去阅读和理解。

为了确保陪审团能完成阅读和理解内容，你可以考虑让他们在你大声读出文本前先默读一遍。告诉他们该看哪里和你想让他们关注的内容，并给他们一些时间去读。之后，你再大声读出来。为了让他们找到需要关注的内容，你可以说诸如此类的话："被告的第26号物证是本案中存有争议的合同。我想让你们看看第3页底部的段落。理查德，请找到这一段并放大。陪审团成员，请花点时间读一读。"接下来，你理应停止说话，但做到这一点相当不易。你需要保持沉默的时间要长于你所认为的合理时长。你很熟悉文本并且已经了解其意思，所以你总认为是时候可以接着说了。但是，对于不习惯阅读合同中法律用语的陪审团而言，他们则需要较长的时间阅读和理解文本。

7. 不仅是读出文字，也要传达出文字背后的深层含义。正如在关于"如何大声朗读"的章节中所论述的，你要使用强调效果更好的短语形式进行表达，以阐明观点。如果你觉得表达有些夸张，则实际上其效果可能正好。

8. 不要在做开庭陈述和结案陈词时放映发言提纲。放映提纲既乏味无趣，也无法在视觉上起到辅助作用。尽管如此，出庭律师会说："我只是把开庭陈述的提纲放在PPT上来帮助我记住发言内容而已。"即使是屏幕上的提纲有助于你记忆，但其仍无法在视觉上有助于陪审团理解。因此，尽管这样做有利于你自身，也不应让陪审团感到厌烦。

你应慎重选择要在幻灯片上展示的文字。幻灯片的作用并不都是有利的。有时，开庭陈述或结束论证的主题在二维屏幕上显示时，主题本身具有的感情色彩就瞬间被冲淡了。比起用屏幕展示，你用符合语境的绝望腔调说“人在万念俱灰时会孤注一掷”可能更有说服力。即使是对于诸如合同案件中“陪审团成员们，照章办事”这样的简单主题而言，比起平淡地显示在屏幕上，你用富有表现力、实事求是、十分肯定的语调说出“照章办事”四个字，则更能准确地表达出其不言而喻的意味。说出你的观点，表达出你的感情。

9. 偶尔关掉幻灯片。当屏幕一片空白时，陪审团关注的焦点就又会返回到你的身上。在使用投影辅助发言时，过度使用影像成为一种普遍的现象，被谑称为“PPT 中毒”，即展示的影像过多。“该死的幻灯片一张接一张”是视觉设计大师爱德华·塔夫特对此现象的总结和评价。①

让屏幕变成空白，以便陪审团能把注意力都集中在你的身上、认真听你说话。当你再次打开幻灯片并向陪审团展示另一个图像时，这种变化会吸引他们的注意力，让他们保持兴趣。你在已经切换至另一个话题时，切勿在屏幕上保留与上一个话题有关的图像，要及时换下一张，因为继续保留幻灯片会分散听众的注意力。同样，你在投影图片前要先告知陪审团，否则

---

① 阅读他的短篇专著《PPT 的认知风格》（*The Cognitive Style of PowerPoint*）以便深刻地理解其所批判的行为。

他们会感到困惑并试图弄明白，以至于无法倾听你的发言。因此，你要在适当的时机播放每张幻灯片。下面将讨论合理安排时间的重要性。

10. 通过练习确定幻灯片的播放时长。请完全不熟悉该案件的人（最好是非法律工作者），在你练习播放幻灯片时负责观察。针对阅读和理解每张幻灯片所需时长的问题，请观察者给出具体反馈。阅读、理解简单的图像需要的时间较短，但是面对文字较多的复杂文本时，所需时间就格外漫长。一旦你把图片投影在屏幕上，就要告诉观察者应看什么内容，接着让他在完全理解幻灯片中的要点后举手。不要光靠猜，你要征求观察者的具体反馈来安排时间。在条件允许的情况下，你可以请多位反馈者参与进来，你要了解他人阅读和理解复杂的幻灯片所需要的时间。

最后，除了要清楚地了解证据规则，你还要查阅专家写的关于视觉交流的书籍，以指导你选择要投影的图像。爱德华·塔夫特写过有关视觉交流的书，该书语言优美，读后大有裨益。杰出的出庭律师培训老师和作家弗兰克·罗斯柴尔德与人合著了多本关于使用电子证据的书籍。作为出庭律师，你要确保知悉审判法官允许的行为和法庭上可以使用的技术设备。

本章小结

顶着压力思考和发言时，你必须了解并能真正利用“时间弹性”现象，这种现象是指肾上腺素的分泌会让人感觉时间似乎放慢了脚步。你在经历这种现象时，要有所意识并保持语速平稳，要接受你对时间感知的变化并善于利用“沉默”这种技巧。为了进入专注状态，你要在发言前仔细感受沉默并将之穿插进发言过程中，要在词组和句子间停顿片刻，以便让听众有时间思考你说过的话。沉默本身就具有说服力，所以你要学会利用沉默，以便法官、陪审团或仲裁员有时间用“回声记忆”的方法思考、理解你的发言。

切勿读稿或背诵记忆的内容，而应从容自信地进行结构清晰的即兴发言。制作利于建构发言内容框架的笔记，让它成为你的视觉辅助工具。书写时字体要大、内容应清晰明了，还要练习如何使用笔记。要做好应对忘词情形的准备，因为你可能会遇到这种情况。

如果你需要写出发言或询问的内容，并认为这是一个准备步骤，那就写下来吧！接着要把发言内容的框架结构简化为大纲或核心要点。不要试图回想你书写的内容，要思考接下来要说的话。

记得在发言内容中创造更多的首位效应和近因效应，在谈论每个话题时都要清楚地叙述开头和结尾。思考如何用短语或语块说话。记住，沉默是听得见的“标点符号”。

在诉讼的每个阶段都应持有合适的态度。如果你态度明确，则有助于审判者确切地理解你主张的结论。

制作视觉辅助工具，尤其是多媒体形式的辅助证明或证据，要保证其内容清晰明了。要限制幻灯片的展示页数，切勿在幻灯片上铺满文字。接下来，要练习播放幻灯片，不要总期待临场碰运气！

说给自己的话

“首先倾听沉默，在发言时善于利用沉默来思考。”

“给听众留时间回想，以便他们理解内容。”

“站在讲台往后一步的位置以便于查看笔记。”

“肾上腺素会放缓时间的脚步，给我留有思考时间。”

“做好应对忘词情形发生的准备，采取补救措施。”

“思考接下来要说的话，切勿回想发言稿的内容。”

“确定合适的态度。”

“帮助审判者了解我的视觉辅助工具。”

第三章

声　音

在日常交谈中，应如何运用好自己的声音以增强表达效果？在与不同的人谈论不同的话题时，又该如何调整语速、音量、音高、语调和语音强弱？

作为一名对语言表现力要求更高的出庭律师，你需要在日常对话中对自己的声音多加留意。你可能没有意识到，为了更加有效地沟通，我们在演讲时往往会不断地进行调整。前面我们探讨过“在谈话中双手应该做什么”的问题，那么关于声音，我们也面临相似的问题：“在与朋友和同事交谈时，应该如何运用好自己的声音？”“面对不同情境该如何让自己的声音更具有表现力、更加恰如其分？”在说话时，我们自然会留意“说什么”，而现在我们更要注意“怎么说”。

聆听自己的声音

作为一名能言善辩的出庭律师，你的目标是让与生俱来的表达能力更上一层楼。为此，你需要学习表达技巧，使你富有说服力的激情演讲可以长时间续航。如果你平时是一名柔声细语型的演讲者，则需要在调高音量的同时，找到一种从容自信的演讲方式。如果你的性格比较内向腼腆，为了客户着想你也要学着变得更有激情、更有感染力。如果你平时语速较快，就需要放缓语速、调整节奏。最重要的是，在每一次法官的目光投向你并说“律师请开始发言”时，你都要做到有理有据、语言流畅、表达清晰。

如果你觉得自己说话的声音尖锐刺耳，可以通过调整呼吸把语调稍微降低一些。本章中，我们将着重讨论呼吸的问题。虽然你无法对音高做出彻底的改变，但你可以通过调整呼吸来更好地调控自己的声音，使其听起来更加顺畅、有力。此外，调整呼吸的方法对于改善声音嘶哑也有帮助。

另外，你还可以将自己的声音录下来，在回放的过程中客观地进行评价。起初，你很可能会觉得自己录下来的声音听起来很奇怪，但那些奇怪的地方正是需要改进的地方。若是自己都觉得很无趣，别人又怎么会被你吸引呢？

想要更好地控制自己的声音，首先需要对自己现在的声音状况进行客观的评估。只有准确地把握自己的声音状态，才能搞清楚为什么自己的声音在录音中听起来很滑稽。其中的原因涉及听到自己声音的两种不同途径。

当你的声带振动时，这些振动会通过空气传播给听众，传播到你自己的耳膜和身体。你可以轻轻地将双手食指分别放在双耳上，并且大声读出一些句子来观察这种现象。手指会阻挡一般通过空气传递到耳膜的振动，因此你所听到的是通过颈部的骨骼和肌肉以及颅骨传递到你内耳的另一种振动（低音振动）。现在将手指从耳朵上移开，将一只手掌放在颈部正下方的上胸部位并大声朗读这句话，你会注意到在说话时你的上半身也会振动，尤其是在上胸部位这种感觉特别强烈，其原因在于不仅仅是耳朵附近的空气在振动，身体本身也在振动。

如果没有这些由肌肉和骨骼进行的低音振动，我们的声音听起来会带有浓重的鼻音。但是，这样的声音并没有什么不对，你只需要更加自信坚定、更加富有激情。摒弃无谓的自我批评，面对真正的挑战吧，让你的声音更加令人信服！

肺与横膈膜

在第一章中我们谈论了有意识地控制呼吸的技巧和重要性。有意识地控制呼吸不仅能够帮助你沉下心来，还可以让更多的氧气进入大脑，从而让你在说话时充满力量、游刃有余。人们在呼吸时会调动的肌肉包括横膈膜和肋间肌，这些肌肉在说话前都需要“热身”。

接下来请你朗读一段文字，并观察自己的呼吸情况：你的自主神经系统在控制你的呼吸。此时在你身体下部已出现细微的活动。现在请有意识地进行呼吸，深深吸入一口气，并仔细体会肺部的充分扩张。再来一次，尽量使呼吸更深、更长。呼吸过程中要更有意识地调动肌肉，并让每一口气都尽量沉入腹部。

◎ 肋间肌与胸腔

能够有意识地控制呼吸是灵活运用自己声音的基础。除膈膜外，肋骨之间的肋间肌也有助于肺部扩张。请你将双手放在胸腔底部、腰部和腋窝之间的身体两侧。深呼吸，并在肺部扩张时感受肋间肌向外运动。用意识控制自己进行深呼吸以便创造出一个三维扩张空间：腹部向前隆起，肋骨向侧面扩张，背部向后延伸。

辨别两种类型的深呼吸是很重要的。第一种是第一章中描述的缓慢放松的呼吸。这种呼吸是一种有意识呼吸，能够在你说话前帮助你冷静下来：坐在法律顾问桌旁时，慢慢地开始给呼吸时需要调动的肌肉“热身”，有意识地用深呼吸使情绪平缓下来，以应对接下来令肾上腺素飙升的唇枪舌剑；当法官针对动议或上诉状向你提问时，你应当在聆听问题的同时深呼吸；在直接询问的过程中，证人展开回答时，你也有时间进行呼吸……讲话过程中低头看笔记带来的一个短暂停顿，开启新话题之前的一个有目的的短暂停顿，抑或仅仅为了获得思考时间的短暂停顿均是你进行有意识呼吸的绝佳时机。然而，在开庭陈词、结案陈词以及交叉询问环节中，由于这种缓慢的有意识呼吸需要耗费的时间太久，实际上适合呼吸的时机不多。因此你需要另一种更加短促有力的呼吸方式以充分支持你所发出的声音。

◎ 运用呼吸发声

请回想一下第一章中提到的呼吸与说话的方法：深吸气—呼出—说话。不要误解，这可不是说让你猛吸一口气，随意吐出，随即开口说话，这样肯定行不通。当你说话时，需要首先保证肺中空气排净，然后吸足空气，当肺中充满空气，再通过排出这些空气的力量使声音更加有力。

麦克风的出现使公众演讲者实现了他所要达到的演讲音量。而想象一下在此之前，恺撒大帝对罗马军团的演讲、林肯总统向两万名听众发表的《盖茨堡演说》，均是在室外进行的，且没有通过扩音器放大音量。

1900 年，在科罗拉多州博尔德市，当威廉·詹宁斯·布赖恩①于科罗拉多大学的肖托夸民众教育运动②中发表讲话时，

---

① 威廉·詹宁斯·布赖恩（William Jennings Bryan）（1860 年 3 月 19 日—1925 年 7 月 26 日），美国政治家，民主党和平民党领袖。颇有吸引力的演说家。参见“威廉·詹宁斯·布赖恩”词条，载百度百科：https：//baike. baidu. com/item/威廉·詹宁斯·布赖恩。——译者注

② 肖托夸（Chautauqua，又译为学托扩，肖陶扩）是 19 世纪末期与 20 世纪早期在美国非常流行的成人教育运动（也指其集会教育形式）。在 20 世纪 20 年代中期以前，肖托夸集会在美国农业地区广为传播。肖托夸为社区提供娱乐与文化

当地报纸报道说在科罗拉多大学校园一英里之外都可以听到他雄浑高昂的声音（能听得到他的声音，但听不清确切的内容）。在过去，演说者们往往具备控制呼吸的技能以保证可以长时间、大音量地进行演说。

如今，仍然有一些舞台表演者有着响亮悦耳的声音和非凡的呼吸控制能力。为了保证声音足够使看台中最后一排的听众也听得清清楚楚，古典歌手和舞台演员仍然接受着能使嗓门够大的专业训练。歌剧演唱者们（尤其是其中的佼佼者）肺部压缩空气的极高强度能使他们的声音无须扩音器放大即可穿透整个交响乐团。人们认为歌剧演唱者体型较胖使其气息充足，事实上这有一定的科学依据。那些额外的重量为保持声音的稳定起到了决定性作用，并为响亮高音的产生提供了必不可少的气息支持。当他们进行深呼吸时，他们额外的体重会帮助腹壁向前移动，使膈膜变平并将大量空气吸入肺部。随后这些空气被工作中的腹肌、横膈膜和肋间肌产生的力压缩、上推，经过喉部时使声带振动。

声带的长度决定了声音的类型和音域。无论是富有磁性的男低音还是雄浑高亢的男高音，无论是婉转柔和的女低音还是嘹亮有力的女高音，所有响亮的声音都离不开肌肉提供的力量

教育，与会成员包括当时的演说家、教师、音乐家、艺人、牧师和其他各方面专家。但这一运动随着广播、电视、电影等的崛起而逐渐消亡。载 http://www.chezaiyi.cn/philosophy/230436.html。

和日复一日的练习。

这种肌肉呼吸法也直接地适用于出庭律师们。在不使用扩音器的情况下想要使法官、证人和陪审团、听证会人员都能够听清，只能通过持续的呼吸控制来实现。例如，在交叉询问中，关键词往往会在每次问话的句末出现："麦卡锡上尉，你在3小时之内一直没有求助吗？"在一句话快要结束时，由于气息不足，演讲者的声音往往会自然而然地变弱。但麦卡锡上尉在多长时间内没有进行求助显然是陪审团想要知道的关键信息。因此想要使声音足够响亮，你需要向歌手和演员们学习：在问话结尾时，通过腹部肌肉和胸腔肌肉保持甚至提高音量。

◎ 声音疲劳

出庭律师长时间使用嗓子往往容易导致声音疲劳。我们需要知道，其实解决声音疲劳的关键并不在于喉咙，而在于腹腔。声音疲劳是由于缺少足够的呼吸支持。如果经过声带的空气不足，咽喉会负担更多的压力而变得紧张，最终就会使声音疲惫而沙哑。如果你逐渐感觉到声音开始变得疲惫，则应该注意你的呼吸，尤其是在吸气时，尽可能地让腹肌参与进来。

在话题切换时的短暂间隙中，有意识地控制自己进行呼吸，在句与句之间稍作停顿，并深呼吸。尽量通过腹腔呼吸，从而节省声音的消耗。

◎ 喉咙与声带

横膈膜将空气从肺部推出，经气管向上流到喉部。喉部是“封装”声带的“音箱”。尽管声带看起来就像两条伸长包裹在喉咙外的粗橡皮筋，但它其实并不是“带”，而是附在喉咙两侧的软骨。两侧的软骨之间存有间隙，当你说话时，空气就会从间隙中穿过，使声带发声振动。通过声带的空气量越大，声音的音量就越大。当我们轻声耳语时，用的空气量极少，因此声带几乎没有发生振动；而当我们高声呼喊时，呼出的空气量大，因此声带会发生剧烈的振动。

仅仅通过控制喉部是无法提高说话音量的，相反，如果给颈部、喉部以及声带增加不必要的压力，反而会使音量受限，甚至有可能损伤声带。因此，我们应该保持颈部和喉部放松，使空气能够不受额外压力、畅通无阻地通过声带。颈部和喉部越放松、协调，声带就越可以轻松、有力地振动。

当颈部与喉部、横膈膜与肺部各司其职，你的声音会有自然的泛音，达到最佳状态。除了偶尔为起强调作用，尽量不要经常把声音压低，否则可能会损伤声带。

由于无法直接通过肉眼观察，我们很难通过技巧控制声带，而只能依靠自身感觉。一些声乐老师将喉咙打开的状态比作因兴奋而气喘吁吁时急促吸入空气的感觉。请你将手指轻轻放在喉部，模仿因吃惊而猛吸一口气的感觉，感受在咽喉张开时喉头向下滑动的感觉。这就是我们要找的那种放松状态下喉咙张开的感觉。

◎ 发声器官与发音

颌、唇、舌等发声器官与牙齿和上颌一起将振动的空气柱转化成可辨识的文字表达出来。人的面部共有 44 块肌肉，它们与上述的发声器官协同工作，使我们能够清晰地发出每个字音，从而清楚地表达自己的观点。我们越是经常精准地锻炼每块肌肉，发出的声音就越清晰，从而听众就越容易明白我们表达的意思。

在对话中，句子的上下文和语调走向能够辅助人们相互理解，因此咬字不够清晰并不一定会影响对方的理解。然而，作为出庭律师，必须准确清晰地发出声音，为了做到这一点，甚至要细细品味、揣摩。

◎ 演说前的“热身”

想要使演讲言辞明确，最好的方法就是用力将每个音发得清清楚楚，并且在发音的一些小细节上也要格外注意。在过去，演讲与表达课程曾是小学的必修课，而现在早已退出舞台。可能一提到“演讲与表达”这个概念，我们眼前浮现出的就是一个穿着硬领衬衫、站得僵硬笔直的教员站在三尺讲台上咄咄逼人、滔滔不绝地给台下的学生们灌输思想的形象。现在，除了演员、歌手和播音员仍旧要学习发音、措辞，其他人再学习演讲技巧就太过时了。

然而，为了他人能够准确理解，能够言词达意仍旧是一项非常重要的能力，而发音则是其中不可或缺的一环。在说话之前，你需要先对发声器官进行“热身”，使它们立刻进入备战状态，以避免刚开口就舌头打结的尴尬。这就好比田径运动员在比赛之前要进行热身活动一样。在刚开始演讲时频繁犯错会有两个弊端：一是会打击自己的自信心，二是容易给听众留下不好的第一印象。

下面来教你几个“热身”的小技巧。你需要找一处没人的地方，给发声器官和面部肌肉做伸展激活运动，伸展活动大概持续几分钟。如果你现在所处的环境方便的话可以跟着做。

将你的嘴巴张到最大，同时睁开眼睛，上挑眉毛，伸出舌头。(不要害羞，没有人在看你)。持续做这个动作，使相同部位的肌肉持续受到刺激。收回舌头，闭紧双唇双眼，想象着面部已经拧成一团。然后交替做这两个动作：伸展—收紧—伸展—收紧，反复做几次。接下来，试着将面部所有肌肉向脸的左侧挤，再向右侧挤。将面部所有肌肉向脸的上部挤，然后再向下部挤。然后，自由地活动一下面部肌肉，尽量让每块肌肉都得到拉伸。现在停下来，感受面部血管中涌动的细微的暖流。这时，发声器官热身运动的第一步就大功告成了。

接下来，我们来给双唇和舌头热身：重复朗读一些短词组，并逐渐提速。

现在的练习中你需要比平时说话更用力、更清晰，为真正演讲做好准备。

重复这个练习，感受发声部位从双唇向口腔后部移动的过程。用力、清晰地再次读出，并由低到高再由高到低地调整音高。

你也可以朗读一些绕口令来锻炼发声器官。

多进行几次上述热身练习，加速面部肌肉的血液流动。尽管在法庭上说话时并不会如此夸张，但这不失为热身训练的绝佳方法。

当呼吸和发声渐入佳境，下一个问题就是如何调控肌肉产生的能量。解决这个问题首先需要给自己一些时间，反复进行试验，以便找到说话的最佳节奏。

做出令人信服的选择

想要使演讲具有说服力，你需要在讲话的同时做出一些“词语的选择”，如当你选择词汇的同时要想到将哪个词作为重音突出才能更准确地表达用意。在提出动议或论点时，应当着重强调哪些语句？在一系列的问题中，哪个应当加重语气？在每个问题当中，哪些词是应当重读的关键词？如同在阅读文章时我们会随手用荧光笔标出关键词一样，在讲话时，我们也可以通过重读将重要的词句突出。判断重点需要花费一些时间，而通过阅读第二章我们知道，肾上腺素的刺激往往会为我们预留出一些时间。抓住那些空白的时间去想清楚接下来演讲的内容，以及怎样才能讲得更加具有说服力。

“留白”是使一场演讲更具说服力的神来一笔。如果每次遇到沉默你都会觉得气氛尴尬，那在演讲中你就很容易放“连珠炮”，从而无暇斟酌字句，导致语无伦次、词不达意。

另外，大脑思考的速度跟不上过快的语速也很容易导致不自觉地冒出很多“呃”“嗯”之类的思维噪音。久而久之，自信心大受挫伤，思维链条也会土崩瓦解。因此想要使演讲具有说服力，首先需要控制语速。而想要控制语速就必须学会适当留白。第二章中我们提到过，如果听众没有足够的时间思考，就无法记住演讲者所说的内容，那么令人信服就更加无从谈起了。

◎ 提升能量、放慢节奏

一场具有说服力的演讲所要消耗的能量远比日常交谈需要的高，因此仅仅保持自然舒适的交流状态很难达到出色演讲的要求。对于出庭律师来说更是如此，一直保持轻松自然的讲话状态很难使演讲掷地有声。演讲者自身分泌的肾上腺素是演讲必不可少的能量来源之一。肾上腺素可以在可能危及生命的情境下为身体提供能量，因此，人们在处于焦虑时往往会告诉自己“我能应对”。此时，我们要做的则是适应这种状态并试着将这些能量运用起来。你可以对自己说：“太棒了！我有些紧张。这正好可以为我的演讲提供额外的、宝贵的‘紧张能量’。”

当你想到一位富有激情的演讲者时，可能会认为激情澎湃的演讲与飞快的语速是密不可分的。然而，事实上并非如此。言语的能量并不一定用在加快语速上，它也可以用在重点的突出上。当人们想要在演讲中说服他人，往往会在言辞恳切的同时放慢语速，语言的激情是为了强调重点，而语速的放缓则是为了留给听众思考的时间，从而使听众信服演讲者的观点。

呼吸和预热、使用发声器官的过程就是积蓄能量的过程。放缓节奏，有意识地形成语块。人的大脑在形成语块的过程中较为活跃。与此同时，小语块能使听众更好地理解。

◎ 多说短语、少说整句

在日常会话中，我们会通过语块表达想法。由一个个字组成的短语是语块，由短语组成的则是更大的语块。在书面表达中，标点符号是语块的分隔符，围绕着一个中心论点展开的语句组成一个段落语块，由句号、逗号、问号、叹号以及破折号等标点符号进行分割。更大的段落语块可以通过缩进和调整行间距进行更直观的分隔。当我们说话时，也要通过抑扬顿挫、轻重缓急让听众能够捕捉到“可以听见的标点符号”。

从开始演讲起，你很可能会经历肾上腺素造成的“时间弹性”现象，此时你应有意识地多用短语少用完整的长句，并在短语之间稍加停顿，为自己留出思考的时间。短语间、句子间的停顿对于听众来说即为前一个语块的结束、后一个语块的开始的信号。如果从头至尾没有停顿，听众就无法捕捉到“可以听见的标点符号”，歧义便由此产生。请想象一下，如果一篇文章从头至尾没有标点，这会给读者带来多大的视觉冲击和认知挑战：

“从开始演讲起当你开始感觉到肾上腺素起作用就应有意识地多用短语少用长句并在短语之间稍加停顿为自己留出思考的时间短语间句子间的停顿对于听众来说即为前一个语块的结束后一个语块的开始的信号如果从头至尾没有停顿听众就无法捕捉到可以听见的标点符号歧义便由此产生请想象一下如果一篇文章从头至尾没有标点这会给读者带来多大的视觉冲击和认知挑战”

纵使所有字词使用无误，没有了标点的存在会让好好的一篇文章变得晦涩难懂。这个道理在口语中依然适用。听众也需要“可以听见的标点符号”来提示语块的结束和开始。无论是在短语、句子还是段落中，“留白”都有助于消除歧义。

由于肾上腺素会扭曲对时间的感知，在演讲中我们往往无法正确感知自己的语速。因此，多说短语可以为大脑预留出充足的时间建构每个句子和问题，一次一个语块——有时候单个字词也可以成为一个具有完整意义的独立认知语块。正如我们在第二章中提到的，人的大脑喜欢“成块”记忆。这种策略完全符合听众的认知过程。但是这与惹人恼怒的慢吞吞地说话大相径庭：慢吞吞地说话中，说话者不得不缓慢地发声，从而使说话声音听起来滑稽别扭（因为……你……不会……每次……只……想到……一个……词……）。多说短语少说长句则更符合大脑的工作规律。

如果你平时说话像放机关枪一样嗒嗒嗒地说个不停，那是时候稍微松松“扳机”调整一下了。多用短语，善用沉默，这有利于听众从你的讲话中捕捉和整合信息，从而被你说服。纵使你的“子弹”仍会飞驰而出，听众也可以更好地捕获“枪林弹雨”中的真知灼见。

练习在讲重要信息时放慢语速，从而让重要信息浮出水面。如果你用一成不变的快节奏说话，会给听众带来所有信息重要程度相同的错觉。因此，为了让重要的语句脱颖而出，说话时要适时放慢语速。

◎ 断句的技巧

想象一下当一个家长由于孩子回家太晚而大为不满，苦口婆心地劝说犯错的孩子不要再这样做时，语速变缓、能量加强，一次一个短语，保持着语句能量的充足：

如果你**再敢**

这么晚回来

你会被**禁足**

一个月

你听见了吗

请大声读出上面的句子，尽量有意识地一字一句地说，就好像你自己置身于此情景中一样。

通过控制语速来突出句子中信息的重要性，试着找到一种恰到好处的节奏，最好既不要过快又能保证以短语为节拍。如果上述警告用非常快的语速说出，听起来则不那么令人信服。在试图说服对方的演说中，演讲者往往通过重音来强调关键词，并且语速应保持在较慢的节奏。

历史上擅用短语的著名演讲家比比皆是。约翰·肯尼迪总统在就职演说中就是使用了短语式的节奏，发人深省、掷地有声：

请你不要问

祖国可以为你做什么

请扪心自问

你可以为祖国奉献什么

不难发现，如果我们大声但快速地复述以上文字，其震撼力就会大打折扣。但如果放慢语速并突出重点，则仿佛能够感受到字字句句之间涌动的力量。再次将肯尼迪总统的这段演讲词复述一次，这一次尽量做到声音洪亮、语速更缓，仔细揣摩短语之间片刻停顿所带来的力量。试着将短语间的停顿拉得更长，语速越是缓慢，关键词句就越是清晰地浮出水面。

◎ 调整节奏

作为出庭律师，我们没办法时时刻刻保持用短语的形式放缓语速说话，那么当遇到希望听众认真思考的重点时，可以使用断句的技巧。第二章中我们讲到，我们应当认真编排演讲的开头和结尾，使开头引人入胜、结尾发人深省。对于开头和结尾之间的部分，无论是开庭陈词、结案陈词中对于事实的强调还是询问环节中对重点信息的提问，都应尽可能多地用短语的形式将重点部分凸显出来。

那些相对不那么重要的过渡性语句则可以用稍快的语速一语带过，比如承上启下的过渡句“接下来谈一谈发生在七月十五日的事……”这其中并没有需要听众逐字逐句捕捉的关键信息，因此并不需要被一字一顿地表达。面对重要性不同的语句时，你需要本着增强演讲说服力的根本目标做出正确的判断：何时、何处需要一字一句地表达进行强调，而何处不需要。

灵活调整说话节奏，在遇到重点部分时放慢语速、一字一句地陈述，并保持较高能量，这样可以使听众有更多时间进行思考，并尽可能多地记忆，从而更容易被你所说的内容说服。

慢—快—慢—快——讲话时节奏的变换就好像即将进站的火车，起初慢速是为了将思维的火车引上正轨，而蓄意放缓的节奏则预示着这部分信息的重要性，能够在演讲伊始引起听众的注意；接下来火车逐渐提速，冒着蒸汽白雾，演讲步入正题的同时语速也逐渐加快；途中每一次到站，火车都会减速，而演讲中每一次遇到关键点，都应放缓语速，确保听众时刻在线。

当你的大脑每次都用短语编织句子时，你也会以短语的形式讲话。当遇到重要信息时，短语间的空隙会被拉长，沉默的留白也会随之变得更久些。在处理过渡性词句时，你或许仍会按短语的形式表述，但短语间的空隙会稍短一些，甚至消失不见。

◎ 开口定节奏

每一次开口说话时，开头的词句会在无形中为接下来的演讲定下节奏和基调，因此在开口说话前应格外慎重。快速浏览前几句话：

“请允许我在法庭上指出，本案中存在身份错误。约舒亚·富兰克林在抢劫案案发当晚在另一个州。”

出庭律师在陈述主题、使用套话时，往往容易一上来就说得过快。因为套用模板的部分通常没有其后随机应变的部分那么引人入胜。但是如果第一句话就说得过快，这种急促的节奏很容易一直保持下去，即便是关键信息出现时，也很难“刹车”。为了避免这个问题出现，你需要将第一句话提前多练几次。

有意识地设定一个慢一些的节奏，一次说一个短语，不要像放连珠炮一样随随便便地一带而过。注意说出的每个字句都要有自己的意义，而不是仅仅像例行公事一样毫无目的地说话。

法律写作专家布莱恩·加纳认为“请允许我在法庭上……”并不是一个问句，因此不应该用问句常用的升调、疑问语气。他认为这是个陈述句，因此应该用《星球大战》中“愿力量与你同在”的那种降调。不妨开始大声地练习，感受一下这两种方式的差别。

◎ 先想好、再开口

当套用模板的部分结束，逐步进入正题，我们依然需要控制语速。运用节奏较缓、一次一个短语的说话方式，给自己“留白”出更多的思考时间，这能使讲话者更好地进行认知把控。如果你采用的是间隔短、频率高的“留白”方式，那么当其中一个间距略微延长也不太容易令人察觉。这种词句间的短暂沉默仿佛是保持思维不会脱缰的保险，能够完善你的语言并推动讲话继续向前。在对话中，你可能会面对一句话已经开启却不知应该如何结束的困境，这时不妨抓住语句间停顿的间隙进行思考，这样在面对长难句时也不会乱了阵脚。

消除“思维噪音”

在会话型演讲中，很多演讲者会不自觉地发出“呃”“嗯”“啊”等“思维噪音”。这并不是经验或者教育的问题，而只是一种习惯。即便是接受过高等教育的演讲者也会发出思维噪音，有时甚至远比他们意识到的频率更高。拥有这种“意识”和缺乏“意识”都有可能促使思维噪音的产生。有的演讲者在短短 1 分钟之内会习惯性地“呃”上 10 次、15 次甚至 20 次！如果你在听普通演讲者演讲时留心数一数“呃”的次数，你可能会大为吃惊。

你在说话时也习惯时不时地“呃”一下吗？和其他所有习惯一样，发出思维噪音是下意识的反应，因此你可能不会察觉到这种情况（更别提有意识地加以控制），除非是听自己讲话的录音（你可以听听在语音信箱中留下的口头信息）。这个问题在日常交流中一遍一遍地重复，从而成为根深蒂固、难以控制的顽疾。如果能察觉到自己说“呃”的频率，那就更有益于你有意识地进行控制。

思维噪音就是为什么在演讲中不能仅仅保持自然状态的一个绝佳例子。保持自然状态极有可能会自然而然地发出恼人的

“呃”“嗯”“啊”“你知道……”作为出庭律师，到庭上发言时才想着克服思维噪音显然就太晚了。我们必须提前做出改变，我们的目标是：消除一切思维噪音——无论是在法庭上、法庭会议室中，还是在电话里、直接面对客户时。要竭尽所能成为一名自始至终表意清晰的称职律师。

当我们以短语的方式说话，却不用沉默的方式停顿时，思维噪音很容易顺势兴风作浪。在那些本该留白的间隙，“呃”“啊”等单音节词很容易“见缝插针”。这些思维噪音的出现是因为我们本该继续说话，却没有想好要说的内容，只能由“呃”“啊”先来填补此处的空白。这些恼人的“呃”“啊”大概会持续 1 秒钟左右，且通常与其他的说话内容保持同样的音调，容易使听众分心。

除了“呃”“啊”以外，还有一些口头常见的表达也是思维噪音，比如“你也知道”“比如说”等就经常用于短语与短语、句子与句子之间，起到为思维预留出准备时间的作用。无论是孩童、青少年还是成年人，“比如说”在口语表达中都十分常见。比如说，没有什么清晰的根据可以说人们能够充分意识到，比如说，他们的职业身份，或者，比如说，人们不喜欢这种充满“比如说”的幼稚的表达方式。律师事务所负责暑期实习活动的工作人员常常震惊地发现，说话经常带有“比如说”口头禅的人往往很不受欢迎。满口这种不成熟表达方式的人实在很难被视为专业人士。

思维噪音让人恼火的另外一个原因是它占用了听众的思考时间。正如同演讲者需要片刻留白来思考接下来演讲的内容一样，听众也需要那片刻的沉默进行思考，而思维噪音恰好占用了那短暂的间隙。如同手机的静电干扰一样，思维噪音会干扰听众的认知处理。幸运的是，思维噪音是可以被克服的。

◎ 留心间隙

当火车进站时，伦敦地铁里的乘客总会听到广播里提醒乘客："留心间隙！留心间隙！"那甜美悦耳的声音时刻提醒着乘客留意车厢与站台间的缝隙。而"留心间隙"这个短语在消除习惯性的思维噪音上也有着用武之地。

我们可以把它作为提示，在短语之间插入片刻沉默的间隙，然后听从这一指令：小心间隙！多加留意！这时你还有想要发出思维噪音的冲动吗？聆听短语与短语间、句子与句子间的片刻沉默——它是短暂的留白，而非长久的沉默。就在这片刻的沉默中，请将全部注意力安放此处。

想要戒掉某种习惯，给大脑一个积极暗号（比如"留心间隙"）要比给大脑消极的引导（比如"别说'嗯'"）更有用。消极的引导让我们把注意力放在了问题本身，而非解决方案，因此反而适得其反。因此，不要总是告诉自己不能做什么，而应该鼓励自己多去做一些更有益的事。在演讲问题上亦是如此，想要消除思维噪音，我们应该更加专注于解决方案，即留意字句间的间隙。

然而，你要明白，所有你试图消除的思维噪音其实都是大脑需要 1 秒钟进行思考的可听化迹象。因此，最佳的解决办法是给大脑留有时间思考，但不能在静默时随意使用毫无意义的思维噪音。接下来的第四章“如何练习”将详细介绍如何才能消除思维噪音。

重音与达意

用短语的方式说话并保持句与句之间的间隔有助于控制声音、消除思维噪音，从而使语言清晰悦耳，思维连贯流畅。采用这种节奏说话也是让演讲更具说服力的基本要素。富有表现力的演讲往往需要更多的时间。如果讲得太快，就没有太多时间来强调承载着语篇意义解码功能的关键词。因此需要花些时间甄选字词和表达，然后通过重音使其说服力最大化。

演讲的可理解程度遵循以下原则：单词中将重音放在正确的音节上，能够使单词表意明确；句子中，强调出关键词可以使句子含义更好理解；段落中，强调出关键语句能够使段落凝聚力更强；语篇中，合理地凸显出重点能够使整篇演说主次分明、详略得当。在庭上询问环节，应特别留意问题的编排。合理的重音放置往往能够使口语表意更加明确。

想象一下，在商业纠纷案中，你向法官或陪审团说了以下这句话："她从未承诺过这些货物将在星期二之前到港。"这句话的含义将因为你词语重音放置的不同而产生微妙却重要的改变。大声重复这句话，将重音放置在加粗字体的关键词上：

她从未承诺过这些货物将在星期二之前到港。（"她"没有承诺过，但可能其他人做过承诺。）

她**从未**承诺过这些货物将在星期二之前到港。（强调"从未"即表明是完全否定。）

她从未**承诺过**这些货物将在星期二之前到港。（强调"承诺过"时，你在闪烁其词、混淆视听。）

她从未承诺过这些**货物**将在星期二之前到港。

（或许她承诺的是发货单，但不是"货物"。）

她从未承诺过这些货物**将在**星期二之前到港。（可能这些货物早已经到港，只是因为物流耽搁了。）

她从未承诺过这些货物将在星期二之前**到港**。（可能这些货物在周二之前装船了，但没有到港。）

她从未承诺过这些货物将在**星期二**之前到港。（可能是星期三？反正不是星期二。）

另外，同一个句子中也可以将重音放在多处：

她**从未**承诺过这些**货物**将在**星期二**之前**到港**。

这才是具有说服力的演说该有的样子。

另一个更加典型的重音影响含义的例子是林肯在葛底斯堡

演说中的一句话：

“民有、民治、民享的政府……”

当我们听到这一句话，或是自己出声朗读这句话时，我们会发现重音落在了有、治和享上。即：

“民**有**、民**治**、民**享**的政府……”

那如果我们把重音放在其他词上会怎么样呢？

电影制作人肯·伯恩斯在他的纪录片《内战》中就曾让演员萨姆·沃特斯顿在葛底斯堡演说那一段将重音放在了别的词上。伯恩斯认为，正确的说法不应将重音放在介词上，而应该放在“民”上，即：

“**民**有、**民**治、**民**享的政府……”

变换重音的位置能够扭转整句话的含义。“民”字的重复出现无论是在文学层面还是哲学层面都有着自己的妙处。大声重复这两种重音放置的方法，并用心感受二者给语意带来的区别。

表演的艺术在很大程度上依赖重音使内涵清晰、丰富。原著作者写下的书面文字，将由演员赋予其生命力。因而重音落在何处是由演员（以及导演）决定的。在《推销员之死》的原著中，剧作家阿瑟·米勒让推销员威利·洛曼的妻子琳达说出了她丈夫绝望的困境：“必须引起注意。”剧作家没有说明这句话中哪些词应当被强调，因此重音放置只能由演员来决定。

必须引起**注意**。

必须引起注意。

必须**引起**注意。

或是这短句中每个词都值得重音强调：

必须、**引起**、**注意**。

表演是一门艺术，而不是科学，因此以上每一种重音选择可能都有自己的价值。一千个演员就有一千个琳达。当演员们通过训练有素的声音，将自己深思熟虑后认为最佳的理解传达给观众，他们做的每一次选择、塑造的每一种版本，最终共同形成了琳达的形象。

作为出庭律师，演说亦是一门艺术，一门关于如何选择重音以有效表达内容含义的艺术。然而，表演和庭上演说不同之处在于出庭律师需在面对各类“突发情况”时随机应变，而不能像演员一样照着台本背诵台词，因此在重音的选择上往往也是即兴发挥。在对话中，出庭律师做出的选择往往都是下意识的，在选择强调哪些词上也多是出于本能。不妨多听听自己以及他人的演讲，细细玩味个中的重音放置、表达差异以及其他细微之处。

◎ 音量、音高与持续时长

你可以通过改变音量、音高和持续时间来强调某些字词。

我们往往会简单地通过提高音量来强调语句中的关键词。不妨尝试读一下出自葛底斯堡演说的这个短句，并将斜体的词说得更大声：*民*有、*民*治、*民*享的政府……然后再将重音落在“有”“治”“享”上：民*有*、民*治*、民*享*的政府……

然后换一种方式，恰好反过来：通过将关键词读得更小声（但仍保持紧张状态）来加以强调，并和其他词进行对比：民*有*、民*治*、民*享*的政府……

重音也可以通过音高体现出来。再次朗读上面的例句，并提高关键词的音高。这种处理方法在这个演讲的不同版本中较为常见。接下来再次调换语调，降低关键词的音高：民*有*、民*治*、民*享*的政府……

再次重复这个句子，先提高关键词处的音调，再降低关键词处的音调，各读一遍：*民*有、*民*治、*民*享的政府……

如果听不出来自己音调高低的微妙差别，你可以将自己的声音录成音频再听听看。

同样，在约翰·菲茨杰拉德·肯尼迪总统的就职演说中有：“*不要*问*国家*能为*你*做什么，而要问*你自己*能为*国家*做什么。”大声读出这个句子，用短语的形式来读，并重读斜体的关键词“国家”“你”，尤其是“你”。

当然，你也可以选用截然不同的方式来读上面摘录的两个片段，你可以抛弃抑扬顿挫的节奏，不考虑字与字之间的内在含义，平淡地朗读。这样的演绎中，每个词的重量大致相等。

或者你可以通过重读关键词来凸显字词间蕴藏的内涵。如此强烈而富有表现力的表达方式能够表达出词语背后的内涵，而并非只是寡淡地读出了字词。我们要的演说，绝不仅仅是读出字词，而是要恰如其分地传达出每个字词背后的内涵。要言之凿凿，曲尽其妙。

与上面提及的演讲者不同，出庭律师无法做到提前准备好讲稿，并反复朗读。因此在演讲之前，你需要切合实际地思考，决定选用哪些词以及要特别强调哪些词，并通过调整音量、音高和持续时间来使表达更具说服力。

为什么不能照读

正如我们在第二章中所说，与演员或播音员不同，很少有出庭律师接受过专业的播音朗读培训。因此，除非你具有丰富的朗读经验并具备成熟可靠的朗读技巧，否则很难做到令人信服、具有超强感染力。我们又怎么能够因自己技艺不精而使客户蒙受损失呢？

尽管如此，在某些场合下经验丰富的出庭律师仍有可能选择照稿朗读。比如，一位身经百战的诉讼律师在一起卡车交通肇事案的开庭陈词中，因担心如此惨绝人寰的事实结果可能致使他情绪波动而无法将全部事实向陪审团一一说明，而选择了照稿朗读。鉴于真实庭审中可能出现的种种不同情况，接下来让我们进一步分析研究照稿朗读的问题。

我们每天都在阅读，甚至一天中的多数时间都在阅读。然而，默读与朗读在技巧上十分不同。习惯于默读的阅读速度往往会给开口朗读造成困难：在默读时我们的阅读速度往往很快，当习惯于这种语速后，我们开口朗读时也容易语速过快。很多人深受其扰。

语速越快越容易舌头打结，也越容易语言苍白无力——关键词无法凸显，语音语调呆板单调，就仿佛在照本宣读而非发表演说。

倘若大声而有感染力地说话是一件很容易的事，那么全天下所有识字的人都能成为优秀的演员或是演说家，拿起一段台词或是一篇讲稿就说得声情并茂、一气呵成。然而，具有一定识读能力与能够侃侃而谈并不可同日而语。即便是一位阅读能力极佳的人也并不一定能够成为一位演讲极具风采的出庭律师。

当你大声朗读时，你的声音会干扰阅读。当你采用了一个较窄的音域时，你的表达方式也会相应地受限从而使讲话的模式一成不变，很快变得无聊起来。

选择照稿朗读的另外一个风险是，你的写作风格和演讲风格并不相同，即便花了时间仔细练习，也会因为风格不同而使演讲听起来难以令人信服。你既不会用写作的方式说话，也不会像说话那样去写作。因此即便是大声而尽量声情并茂地读已经写成的稿子，你的写作风格（尤其是经过法学院的专业律师培训后）还是会让演讲听起来平淡无味、过于正式、晦涩难懂。

在提出动议或上诉论证时，照稿宣读很可能会被陪审团的问题打断。而在回答提问与照稿朗读之间的思维转换存在一定难度。因此不要把想法写在稿子上读给法官听，而是要讲给他听。

然而，不要照稿宣读最重要的原因是照读远不如说话更有说服力。你很可能会站在台上，紧盯着稿子，时不时瞥一眼法官或陪审团，而非与他们进行长时间的眼神交流，因为在阅读时没办法做到自然的目光接触。但在陪审团审判中，出庭律师必须注视着陪审团，告诉他们还在上幼儿园的孩子眼睁睁看着自己的父亲咽下了最后一口气，而医护人员却迟迟未能赶来施救，然后主张赔偿。想要做到深情款款、娓娓道来，当然要靠演讲技巧，照稿宣读怎么可能有这么好的效果呢？

◎ 当你必须照读时应注意什么

尽管照稿宣读会削弱说服力，但在法庭上有时必须大声朗读，如证人陈述中的证词、专家报告以及投射到屏幕上的书面文字。当不得不大声朗读时，应当放缓语速，以短语为单位大声地慢慢读。要时刻注意已经适应了默读速度的大脑很可能让你的朗读速度过快。因此，如果想让听众充分理解你的讲话，必须要时刻留意：放缓速度、一次说一个短语。放缓语速、重读关键词，以此保证能够清楚地表达自己的观点。为了实现这一目标，请在文本中加上斜线标记，以指示将句子分成短语的位置，并重读要强调的关键词。

现在，我们已经在一定程度上明白了应该如何呼吸、如何运用声音以及如何清晰地表达，我们也学会了通过善用短语、留意短语间和句子间的空隙、调整音量、音高及持续时间以及强调关键词等方式来使思维与声音协调一致。

现在让我们回到手势。我们应该如何运用双手以使演讲更加出彩？

手势与重读

人的身体不但可以通过肺部的呼吸来发声并使声音增色，还能够通过手势使声音表达更富有表现力。当人们想要强调句中的关键词时，会不自觉地运用手势。这种表达手势的本能与句子或问题中关键词的强调压力有关。正如雅娜·艾弗森的手势研究所揭示的那样："手势和说话在我们的大脑中以一种非常基本的方式紧密相连。"

观察一下这种联系是如何体现在你身上的。看一段自己发言时的视频录像，边听你的声音边观察自己的手。可以用便利贴遮住屏幕上自己的脸，使注意力完全集中在手势上。

通过观察双手的动作，其实能够在一定程度上感受到哪些词是应该强调的关键词。即便手指或手腕只是轻微动了动，这些动作也发生在关键词上。这些动作绝不是无意义的“小动作”，要相信你的双手知道该怎么做。

正如第一章中所说，手势能够让你看起来很自然。但释放你做手势的本能的最重要原因是手势能够让说话声音听起来更加生动、自然。手势能够让你的语言和想法恰如其分、畅通无阻地表达出来，从而更加富有说服力。你的双手知道应该重读、强调哪些词，知道应当拉长哪些音。当你不使用手势时，传递出来的信息就变得晦涩，而听众也会觉得难以理解。手势固然会影响出庭律师的体态，但其实手势在声音方面的影响更加深远。甚至可以说，听众是在“听手势”——当然不是听手上的动作，而是说这些手势对演讲模式有重要影响。

◎ 语调单一

缺乏手势会导致对关键词强调不足，而缺乏对关键词的强调则会导致所有词的意义都不明确，从而会减弱演讲的说服力。关键词不突出的演讲很容易朝着含义暧昧不明、听众难以理解的方向倾斜，连续不断的语流里隐藏的意义会让听众难以捕捉。语调单一就是指语调单调乏味，从头到尾音高都没什么变化。

在演讲时，没有哪个人，或者准确地说，没有哪个人的身体，在运用了手势的同时会用单一的语调讲话。那样乏味的演讲中通常都没什么手势。下一次听无聊的演讲时，你不妨将其当作一个学习的过程。问问自己：这位演讲者做了手势吗？将视线从演讲者的脸上移开，注意她/他手上的动作。你会发现语调单一平缓的演讲，多数是因为没有运用手势。因此，想要避免在演讲中语调单一，不妨试试加入一些手势。

◎ 指挥自己

手势的速度会直接影响演讲的语速。当你的手快速移动时，你会不自觉地快速说话。当你的手缓慢而平稳地移动，语速也会随之减慢。用手势塑造语言的形式与管弦乐队的指挥对演奏者的影响有着异曲同工之妙，指挥挥动手臂的速度决定了音乐的快慢。手势的速度和说话的语速之间的联系是强大的，慢条斯理的演讲是不可能做出快节奏手势的。因此如果你想将语速放慢，可以先尝试着放慢手势，去“指挥”自己控制速度。

◎ 流畅表达

一位表达流畅的演讲者应做到手势自然、语速适中：动作不会过快、生涩，从而语流亦会平缓而流畅。

在刚开始展示的时候，手势速度和语速之间的这种联系尤其重要。必须要立即开始运用手势，同时保证手势较慢、流畅，并具有一定感染力。如果不这样做，人控制手势的本能就会导致手势幅度小、速度快且不流畅，进而致使语速过快，思路容易脱轨，从而给听众留下不好的第一印象。

如果你从一开始就做手势，自然的动作会让你自己和听众都觉得舒适，并且能够帮助你保持恰当的说话频率。你能有更多时间仔细思考要说的内容。因此，你从一开始就能够更有效地观察、聆听、思考、表达，这些积极的第一印象自然会引起听众的注意。

协调手势与语速的秘诀在于踏踏实实地进行有声练习。不要幻想着靠运气。

◎ 练习在开场中运用手势

提前确定你在演讲开始时要说的确切内容。这是为数不多需要你逐字逐句、一字不差地进行练习的几句话了。不要幻想在正式演讲时能够灵光一现表现完美。那是不可能的！

一旦确定了第一句话的准确措辞，你就应当考虑如何让手势与你的语言和想法相匹配。在第一章中关于如何启动手势的讨论涉及应选择将哪些词语和想法放置在“架子”上。请时刻牢记，这个虚拟的、看不见的“架子”，就是你在说话时双手放置的初始位置。从一开始就要规划好有逻辑的手势。

你可以套用开场白模板来进行演练（“法官大人，陪审团成员，请允许我……”），可能会感觉不太对劲，但即便在这种模板中仍可以自然地使用手势。然而，开场白结束后随即要说的第一个有实质性内容的句子是什么呢？在开庭陈词中，它可能是："这是一个关于失信的案子，承诺是在书面合同中做出的。"

按逻辑思考，这句话中有两个主题：失信和书面合同。当你说出这个句子时，一手托着"失信"，一手托着"书面合同"。尝试一下，看看将这两个概念放在"架子"上的感觉。将手势与你说的内容有机结合起来，让手势成为陪审团视觉上的辅助工具。强调关键词，让陪审团明白你是在说什么：一是失信，二是书面合同。

当你以一种放松而舒展的体态结束第一个具有实质性内涵的句子时，就已经给听众留下了积极的第一印象。自然舒展的体态仿佛在告诉听众："请相信我，我会开诚布公、坦诚相待，没有任何隐藏和隐瞒。我是放松而自然的，不会焦虑不安或是过于拘谨。"除此以外，自然的姿态已被本能唤起，大脑就不必再担心手上的动作了。

提前多练习演讲起始句子的手势，这样就可以下意识做出准确的动作了。接下来的手势交给身体本能来处理即可。

另外一个例子。在直接询问开始时可以这样指示证人："请向陪审团介绍一下自己。"

与此同时，用一只手指向证人，另一只手则指向陪审团。在交叉询问时，可以先从这样的问题开始询问"纵火罪专家"："汤姆金斯先生，你从未去过火场，是吗？"并在说到

“从未”和“火场”时做出相应手势。

最后，结案陈词环节往往会再次强调最具说服力的核心观点。在发明人与获得发明使用许可的公司之间的争议中，发明人的律师可以通过以下方式开始他的结案陈词：“他们获得许可，并从中获利数百万美元，但现在他们拒绝向发明者支付他应得的专利使用费。”此时，在“获得许可”、“数百万”和“拒绝”这三处要通过手势加以强调，就好比将这三个关键词放置于“手势架子”上三处不同位置一样。

一旦你决定开始要说什么，并选好在逻辑上与这些词相适应的手势，就应当通过练习使手势与词语相协调。仅仅在脑海中想一想是完全不够的，肌肉是有记忆的，经过多次真实的动作才能形成记忆。你可以独自站在房间里，大声说话，练习手势，使手势形成与语言相配合的肌肉记忆。（更多关于肌肉记忆的内容请参见第四章。）

还有一件事，当你坐在律师桌旁时，可以进行肌肉准备，以便能够立即自然地做出需要的手势。这是一种为身体活动而做的心理准备——可视化的心理准备，这种准备是从专业体育运动中借鉴而来的。

◎ 表现可视化

运动心理学家建议运动员在比赛前想象他们比赛时要做的动作，这个过程被称为“心理排练”。奥运会滑雪运动员想象蜂鸣器响起的那一刻，他/她要在山谷中完成大回转。短跑运动员想象发令枪响的瞬间，从起跑器中飞快冲出。作为出庭律师，你可以坐在律师桌旁，想象你演讲开始时的初始姿态。通过将自己的表现可视化，可以使这些表现变成根深蒂固的形象，从而更好地、更有信心地完成接下来的手势动作。

运动员在比赛开始之前进行热身并保持身体放松。但是，出庭律师就没有这么幸运了。在说话之前，你可能需要长时间坐在律师桌旁，即使提前做了热身，坐了很久也会让你冷下来。

可视化就可以弥补这一问题，可以在法官让你开始发言之前帮你提早做好准备。当你坐在那里时，想想你开始时要说的话、发言时会使用的手势，在脑海中听听用短语方式说话的节奏。运动员可以通过这种可视化技巧赢得奖牌；同样，你也可以用这种技巧让客户打赢官司。

自然交谈中的韵律

韵律是日常言语中音乐元素的总称，包括速度、节奏、响度、停顿和语调。

当你说话时，这些音乐元素与语法、意义相互作用。我们已经研究过一些音乐特征：对关键词的强调可以带来自然韵律的节奏、响度和沉默。韵律让语言具有说服力，而语调是韵律的最后一个构成要素。

语调是指说话时音调的起起落落。这种律动创造了自然语言的微妙旋律。我们领略过语调单一的可怕，缺乏音韵与律动着实让言语显得苍白无力。因此，我们不断探索更加理想的、更富有说服力的替代方案。无论你的声音是高音（女高音或男高音）还是低音（女低音或男低音），在说话时都能够本能地使用包括低音、中音和高音音域中的一系列音高。但想要更具说服力，你需要技巧能力来适时地选择语调和音高。

巧合的是，语调或音调的大部分必要变化源于对短语或句子中关键词的强调。重音的变化会让你的音高发生恰当的变化。因此，应将注意力集中在句子或问题结尾处语调或音高上。当你的声音由较高音高降低到较低音高或由较低音高上升到较高音高时，你会创建“可听见的标点符号”，如句号、问号或惊叹号的“声音”。

◎ 听得见的标点符号

我们可以将句子结尾处起起伏伏的音高比作上下楼梯，当音高下降时，就仿佛是在下楼梯，此时可听见的符号是“句号”。当音高上升时，则是在上楼梯，同时创造出“感叹号”。而当你发问时，音高会继续上升，变成“问号”。

说话时最常使用的就是可听见的“句号”，这就好比在写作时最常使用句号一样。当你下降到较低的音高时，不要强迫自己的声音进入不舒服或不自然的范围，应以一种微妙而意味深长的方式，在句末传达出自信和结束的仪式感。如果你希望你的听众跟上你的思路并被说服，首先就必须让听众从你的语言中明白你对自己所说的内容深信不疑——你要将内容充满信心地说出来。这种“下楼梯”的模式有助于实现这一目标。

“下楼梯模式”的另一个好处是，能够让你有更多的时间来思考下一步该说些什么。无论是对于听众而言还是对于自己而言，这种逐渐下降的模式都会最终引向一个总结：句子结束了，句号。可听见的句号之后的沉默就像书面上的句号之后的空白一样，赋予了听众一点额外的时间来思考你刚刚说的话。结尾处的声音能够帮助你更好地意识到句子与句子之间的间隙，因为这种语调和节奏不易让你的大脑通过产生思维噪音来填补空白。

当你需要增强表达力度时，使用可听见的感叹号或上升语调，就显得非常有用。当你感觉到听众的注意力逐渐分散，上升语调就能够顺利地将他们逐渐迟滞的大脑激活。你就可以继续介绍下一个话题，并稳步展开演讲内容了！

在提出问题时，你可以选用可听见的问号。但在陈述的过程中应小心使用。在短语或陈述性句子末尾多次使用可听见的问号，即上扬的语调，会传达出一种缺乏确定性、自信心和成熟度的态度。听众听到的这种向上的音调变化叫作“升调语式”。如果你希望别人重视你演讲的内容，就应该尽量避免这种声音习惯。为了避免在演讲中自我怀疑，请采用下降语调。

◎ 自信地收尾

首位效应和近因效应告诉我们，听众往往密切关注开头和结尾。既然结尾和开头一样重要，那么你就需要凭借可靠的技巧传达出发言已经结束的信号，表明你的发言已经完成了。无论是演讲的最后一句话还是询问中的最后一个问题，都应该用“下楼梯模式”进行结尾。为了增强这种结束感，在“下楼梯模式”中音调应逐渐降低，语速也随之减慢，这样就可以有力地传达出你已经完成的信息。

你可以在结束动议时用以下方式对法官讲话。“我们请求法庭否决原告关于强制执行的动议。”大声说出以上句子，并在你音调越降越低时语速缓慢地结束。保持音量直到最后一个字，不要将降低音调和降低音量混淆。

“下楼梯模式”也是最常用于交叉询问中的引导性问题的语调模式。

声调与态度

第二章中我们讨论了选择态度的必要性。没有选择态度时，我们往往会默认采取“严肃”的态度。这种严肃的态度，尽管比较适合出庭律师，但很快就会使发言变得平淡无奇、苍白乏味。

一旦选定了一种态度，你的语调就会进行调整以适应这种态度。声音的语调和表达的态度共同构成了你声音传递方式中潜在的主要能量。它们齐头并进，且都是处于意识的支配之下。例如，如果你打算对一位富有同情心的年老证人进行态度温和的交叉询问，可以选择一种“尊重老者”的态度。你的语气会随之变得毕恭毕敬，分寸得当，柔声细语，循循善诱。然而，如果证人是一位强硬角色，你很可能会改变语气，变得更加坚定、稍微大声、在分歧时表示尊重，并通过“恕我直言，先生……”这样的短语尽可能保持态度一致。

锻炼口头表达技能

幸运的是，我们每一天都会说很多话，因此在法庭高压环境之外能有丰富的机会进行口语表达的练习。例如，你可以在与朋友的闲聊中练习消除思维噪音，这是将注意力集中在消除“嗯”“呃”上的最佳时机。你在路上遇到堵车时，不妨趁机练习演讲风格（除了手势）。当你发现自己在高速公路的车流中停滞不前，不如看着仪表板上的时钟，告诉自己在接下来的10分钟要心无旁骛地练习说话，并坚决贯彻：大声说话说满10分钟，专注于消除思维噪音。当你听到自己说“嗯”或“呃”时，要多加留意，但不要停下来责怪自己，要纠正自己并继续说下去。

简言之，定期短时练习比不定期练习或一次练习较长时间更有价值。要想让发言有效，最具有挑战性的部分是开头，而你练习的次数越多，在开头部分就会表现得越好。你甚至可以在打电话的时候练习这些演讲技巧。在座机上贴一张便条提醒自己不要发出思维噪音。

本章小结

想要做一名说话具有说服力的出庭律师，你需要学会客观地来听自己的声音。尽量不要说段子，即便你觉得有趣，听众并不见得这样认为。

声音的力量来自参与呼吸的肌肉，包括膈肌和肋间肌，以及腹肌。发音的精确度则是来源于啮合器：嘴唇、下颌和舌头。越是努力锻炼呼吸肌肉、清晰发声，越能让听众理解起来更简单。

重读句子和问题中的关键词能够帮助你更好地表达观点。重读在音量、音高和持续时间的共同作用下能够起到强调内容的作用。

言语韵律与表达意义相互作用。你可以通过“下楼梯模式”来展现自信心和确定性。尽量不要使用体现不确定性的“上楼梯模式”。

努力练习本章概述的技能，以品味庭审言语艺术所固有的力量和乐趣。

说给自己的话

“用短语的形式说话，不要用整句。将句子拆分成语块。”

“注意短语与短语之间的间隙，在停顿中思考，停顿的时间往往没有你感觉得那么长。”

“在第一个短语后稍微停顿，以营造一种合适的韵律。”

“留心短语之间的停顿，不要发出思维噪音。”

“每个短语中至少有一个词需要重读。”

“开篇即要有手势。通过手势强调关键词。”

“避免因使用上升语调而体现出不确定性。”

“多采用‘下楼梯模式’，果断地结束每个句子。”

第四章

如何练习

古人云：熟能生巧。练习是提高任何学科技能的唯一途径。技能越复杂，需要的练习就越多。无论你是想成为更好的高尔夫球手、钢琴家还是出庭律师，通向成功的路上一定洒满了勤奋练习的孤独汗水。

获得技能或是提升技能，绝不能仅靠思考、阅读或写作来完成。然而，令人惊讶的是，许多律师很少独自大声地进行庭审发言的演练。练习本身非常艰苦，尤其对于工作繁忙的律师来说具有一定挑战性，但同时练习也具有创造性。一旦掌握了高效练习的诀窍，你就会开始享受练习的过程。有些人认为，练习并不是那么具有挑战性，因为它的过程重复单调得让人觉得愚蠢。还有些人则认为练习的过程令人尴尬。然而，想成为一名更加优秀的出庭律师，就必须克服你所感受到的任何阻力并学着如何练习。

练习本身就是一项技能，甚至可以说是一项终极技能。掌握练习的方法可以带动你的思维和身体进入学习状态。本章将指导你逐步掌握所需的技能，你将学会在更短的时间内更有效地练习，以达到事半功倍的效果。

有些出庭律师认为充分的准备可以取代最终环节的练习。当被问及他们如何准备仲裁、审判或庭审发言练习时，绝大多数律师表示他们会：(1) 仔细阅读材料（默读）；(2) 进行思考；(3) 在便笺簿上写下大量笔记；(4) 祈祷他们所有的阅读、思考和笔记能够帮助他们克服正式庭审的压力，没有演练也能形成条理清晰、有说服力的言论。实际上这是自欺欺人的行为，不要相信！

尽量独自练习。至少在刚开始的时候要这样做。单独练习，远离同龄人、同事或配偶的指手画脚，为自己提供一个容许犯错的环境。人人都需要练习才能熟能生巧、日臻完美，谁也不能在第一次的尝试中就表现得无懈可击。独自练习能够让你毫不拘束地大声练习，让天马行空的奇思妙想喷涌而出，并且不会因害怕犯错而畏首畏尾。

练习必须大声说出来。说话时要调动的肌肉需要运动，就如同呼吸和说话时调动的肌肉需要通过热身来使血液流通并不断调节一样。练习时应以模拟庭审中的说话方式为目标。你要保持仪态端庄、身体挺直，并伴有适当的手势。在仲裁的练习中，你应该坐下来并保证精力集中。

你应保证尽可能多地进行练习。繁忙的法科学生乃至更繁忙的执业律师也可以找到 10 分钟至 20 分钟来进行练习。除了这些个人练习，你还要与同事一起进行模拟练习。所有这些练习都会有助于提升临场表现。

你必须在最理想的条件下单独大声练习，以便将读到、想到或写下的想法从头部（大脑皮层）转移到舌尖（发声器官）。能言善辩从某种意义上来说亦是一种运动技能。

知其然和知其所以然

在人的大脑感知到是什么，与身体知道该如何去做之间，相差十万八千里。而练习，则能够消融这其间的距离。大脑的理解是身体执行的前提。假设你想成为一名专业的速降滑雪者，你首先要阅读讲解速降滑雪技能的最佳书籍，并假设与此同时你也有幸具备过目不忘的能力，能够精准记忆书中描述的每一种技巧。当你读完这本书时，你的大脑对滑雪有了很多了解。但是这并不意味着你的身体已经学会了如何通过黑钻石滑道。你必须通过练习从书中学到的知识，才有可能掌握下山时的精湛技术。也就是说，由运动皮层控制的身体肌肉需要对那些规定动作进行熟悉。

本章内容能帮助你更加从容地应对实践，并让你逐渐拥有自己的感觉。想要获得期望的结果，就必须加以练习，因为阅读书籍的是你的大脑，而不是你的身体。你的身体对文本中的字词和想法的含义一无所知。练习是让你的身体加以感知的唯一方法。

在过去，律师有着比今天更多的机会演练庭审发言技巧。因为那时小案子也往往会上法庭进行诉讼，所以律师们就有更多机会通过实践练习庭审发言技巧。在21世纪的今天，对律师而言这种在庭审中练习的机会已经不复存在。除非你是检察官或公诉人，否则很难通过真实庭审的实际工作来培养基本的审判技能。如今，考虑到将案件提交审判的风险，进行庭审的案件往往是较为重要的大案，通常不会被委托给新手律师。因此，在实践机会匮乏的今天，我们就更需要在平日多加练习，以便在真正的庭审中能做到游刃有余。

由于在审判中缺乏实践机会，现在出现了越来越多面向法科学生和律师的庭审技巧培训项目。这些项目的学员（尤其是繁忙的从业者）经常抱怨没有足够的时间来完全消化和吸收案卷中的相关事实。对于这个问题，独自大声练习是唯一的解决办法。当你处理真实案件时，你将与当事人、证人、同事、对方律师以及法官等共同讨论案件。在向陪审团陈述案件之前，你有很多机会大声发言。但在培训项目中，你很容易错失这种体验。尽管你已经默默研读了案子的相关文件，但如果从未大声开口讲出来，结果就很可能与你预想的大相径庭。一旦你克服重重阻碍独自进行了大量大声开口的练习，即便庭审前没有太多时间进行准备，也能够让你快速记住案子的细节，并在正式庭审时自信满满地讲出来。

练习中的阻力与逃避

有一句令人耳熟能详的名言："练习造就完美。"遗憾的是，这句话实际上是一种美丽却不切实际的空想。忘记完美！你练习的目标不是让自己变得完美，而是让自己变得更好。作为出庭律师，完美不仅是遥不可及的，而且是不可取的。陪审团不希望律师完美，而是希望律师有人情味，甚至是有一些能够被谅解的缺点和不完美。你的人情味会让人觉得你更加可信。

◎ 对着镜子练习

一种观点认为，在镜子前练习更有助于提高。但我们发现这种做法通常会适得其反，除非你正在努力改进面部的细微表情。

我们之所以要练习，最重要的目的是让你摆脱自我意识。然而，镜子的存在恰恰是为了更直观地观察自己。在照镜子的同时，自我意识会让你关注你的发型、衣服或妆容。

既然出庭律师的目标在于充分关注你的听众，并在自我意识适度的情况下发言，你最不应该做的事就是借助会放大自我意识的工具（诸如镜子）进行练习。因此，在练习时你应对着假想中的听众说话，而非对着镜子中的自己。

但是，在某些时候，镜子可能会有所帮助。因此，我们建议，不妨在镜子上贴上一张纸，使其仅遮挡住面部，但可以照见身体其他部分。这可以让你更关注自己的身体，尤其是手势。在你大声练习的过程中，请注意自己的手势是否过于拘束生涩、速度是否过快。现在，镜子能够给你提供实时反馈，却不至于让你过分关注自我。

◎ 抑制练习的合理性

“我不是演员！”

有的人会觉得，大声练习意味着浮夸、做作、虚伪。他们对练习中浮现出的自我意识感到不安，并担心自己的真实性可能会在某种程度上受到侵犯。因此，他们经常宣称：“我不是演员！我不能够假装。”

如果你也有相同看法，请对自己多几分信心：大声练习并不会让你变得虚伪，相反有压力的练习更容易让你找到真实而自然的自我。当你对于某种技艺的练习量积累到一定程度，这种技能就会成为你与生俱来的本能，一切就会变得自然而然了。

“如果这是真实案件的话……”

在培训项目中，一些律师觉得自己发挥不好的原因是培训中只是模拟案件，而非真实场景，认为自己若是在真实案件中就会处理得更好。事实上，真实案件的庭审中，律师们迫于现场气氛的压力的确有可能发挥得更好。然而，这仿佛就是一场将赌注压在比赛型运动员身上的赌博，这些律师也无法给出有力证据证明自己会发挥得很好，只能等到正式庭审时见分晓。

“我不想准备得过了头。”

这是另一种常见的逃避练习的理由。这通常意味着出庭律师曾试图在短时间内进行练习，但觉得不太舒服而中途退出，然后借口称是不想过度准备。对于像诉讼这种需要较为复杂的技能，能够做到过度准备的可能性几乎低于在做无准备开庭陈词时被闪电击中的可能性，甚至有可能你会更希望天降闪电击中你，以结束你的痛苦。

“我觉得太傻了。”

练习可以被视为一个非常真实的情感挑战：单独在一个房间里大声说话，在旁人看来像精神不正常一样！的确，人们在最初可能会觉得有点傻，但这种感觉其实是源于担心会被门外其他人听见的不安全感。解决这个问题的办法只有克服这种心理，别无他法。你是更想在独自练习的时候暂时性地觉得“有点傻”，还是希望在正式的公开场合被客户和陪审团觉得愚蠢？

既然案子最大的利益相关人是当事人，而不是你自己，当你在纠结应不应当练习时，不妨想象一下当事人会怎么想？如果你是一名当事人，会选择一位因为觉得练习很蠢而不加练习的律师，还是一位为了你的利益而准备周全、拼尽全力的律师？

◎ 保持耐心

鉴于这些技能的复杂性，在练习时要保持心态平和、从容。要有耐心，技能的进步是循序渐进的，从初学者到新手，到勉强胜任，再到日臻熟练，最后成为专家。如果你是初学者，那么你将需要通过一段时间的勤奋练习积累经验成为新手，然后逐渐胜任，最后精通这项技能。想要在某一领域成为专家是一个漫长而艰巨的过程，但值得我们不懈努力、不断追求。

循序渐进

当你大声练习时，你的目标是使用、发展和完善结构化即兴创作的认知技能。请记住：你不是在练习大声朗读已经提前写好的稿子；不是在练习背诵已经记下的字词；不是为了最终一字不差地背下来讲稿的内容而死记硬背。你是在练习即兴演讲，练习大脑将思维转换为语言的能力，就像在日常生活中的对话一样。即兴演讲与背诵讲稿的巨大差别就在于，即兴演讲要求你必须能够在更长的时间内保持思考和说话，并能够战略性地构建自己的想法，与此同时，要遵循一定规则来确定说话的内容以及应该怎么说。

练习是为了保证每次说话的主旨结构是一样的，而不是为了让每次的表述都一字不差。要在已定的结构中，即兴地运用语言，甚至每次都稍作修改。当你的大脑完全适应了这种模式，你就可以在更长的时间内出色地完成从思维到语言的转换。

在说话之前，请先做好水平式或弹头式要点笔记，保证发言结构清晰，之后用笔记开始练习。（有关如何创建最有效的要点笔记，请查看第二章。）

如果条件允许，请尽可能选择在真实的法庭或会议室中进行练习。如果不能，则需要在练习室中模拟出那个场景：当练习开庭陈词或结束陈词时，将练习室假想为听众席；当为陪审团裁决环节做准备时，将练习室中的两把椅子分开足够远的距离，以代表陪审团的左右两端，并想象自己在与陪审团成员们交谈；当练习询问时，最好在房间放置一把空椅子代表证人，你的目光应聚焦于这把空椅子——假想的证人身上。目光的聚焦有利于思维脑力的集中。

◎ 运行“身体动作一览表”

练习开始前，请关上练习室的门，有意识地控制自己的身体，运行“身体动作一览表”，从脚到头，由下向上。如果是练习仲裁，应坐下进行。练习的次数越多，处于真实环境时的表现就越自然。最终你的身体甚至会在开始说话前下意识地自我调整。

◎ 声音热身

充分伸展面部肌肉，尽可能远地伸出舌头。收回舌头，并缩紧面部肌肉，重复几次，直到能够感受到面部血液循环加快、面部肌肉发热。可以练习重复朗读绕口令，并逐渐加快速度。

◎ 断句式发言

你说话的节奏要能即刻体现出短语表达的从容不迫的特点。使用断句法，即以短语为分节仔细构建句子或问题，以此给大脑和语言协同合作的机会。

如果你必须从例行的介绍开始，如“庭上，尊敬的法官大人、律师、陪审团成员，我的名字是……”注意按照这个模板订立一个可控的、从容不迫的节奏，就像音乐家会为一支曲子定下合适的拍子一样。

◎ 即时手势

在第一个单词说出口之前，请张开双手做好做手势的准备。手势的不断变化能够促进思维和语言的流动。在练习询问时，请单手或双手掌心向上指向想象中的证人，做出“提问”手势。如果正在练习开庭陈词或结束陈词，应把关键词放在与腰部齐平的“架子”上。

◎ 先说再写

为了使你的发言风格自然流畅，请尝试做到先说话，然后再写。让大脑的语音中心产生想说的话。在说完之后，创建大纲。当草草说出大致内容后，停下来并记下你觉得最有价值的想法。如果有你特别喜欢的特定表达，请重复练习几次以促进肌肉记忆，并将其添加到你的笔记中，以便你以后可以决定是否将其保留在最终的讲稿中。在提出动议、上诉、开庭陈词或结束陈词中，先说出想法再将有用部分记下会十分有用。

现粗略地把你想说的内容记下来，别期待着一次就能做到完美。因为这也是一个辨明你不想说的内容的机会。接下来，你再回过头看看这些草稿，并加以润色。

◎ 开场练习

鉴于首位效应，请特别注意练习发言的开头部分。不要把时间浪费在感谢陪审团等一系列陈词滥调上：“这是我的开庭陈词，它就如同一张路线图……”避免毫无意义的补充：“哈维先生，我突然想起几个问题……”在练习发言的开头部分时应该说一些有趣的事情，才能够在真正庭审时吸引听众的注意。开场就要切入正题。在最开始时就有一个动态目的。从一些能让听众想要进一步了解的内容开始。

◎ 收尾练习

遵循近因效应，请永远用一个无论是内容还是形式上都清晰明了且充满自信的方式结束你的发言。你需要进行多次练习直到可以确保你在真实庭审中能有一个强有力的结尾；确保已经多次练习动议最后一段的内容（“我们要求法院批准……”），开庭陈词中的最后一段内容（“在本次审判结束时，我将请求您……”）或结束陈词的最后一段（“陪审团成员们，在你们考虑时，我请求你们……”）。如果你真的觉得有必要感谢陪审团成员们的付出，请在倒数第二句的位置说：“在结束之前，我要向陪审员们表示感谢……”用这样一个简单的方式来表明你的发言已经快到结尾，以此保证陪审团能够集中注意力密切关注你的结论。

与此相似，在询问环节的练习中，多练习此环节中的最后一个问题。如果不能有计划地多多练习最后一个问题，你可能会不清楚在何处结束发言。在交叉询问环节，如果你有一个强有力的问题作为结尾，多练习以短语的方式把它说出来：“最后一个问题，安德森先生。”因此审判者可以意识到发言已经接近尾声。近因效应表明，听众可能会对你在结束发言坐回椅子之前的最后一句话印象深刻，因此应以选用一种妙趣横生、耐人寻味的方式结束。

◎ 过渡句与标题练习

作为一个单独的记忆练习，大声练习过渡句能够使你在话题与话题之间的衔接部分显得更加自然。多次练习能够刺激肌肉记忆，帮助你在压力之下更好地记住这些过渡句。你可以选择在开始下一个话题之前明确地结束上一个话题，并使用近因效应和首位效应作为辅助使陪审团的注意力集中：

我们已经说过了 7 月 15 日发生的事。

(前一个话题的结束)

现在请将注意力放在 7 月 17 日发生的事上。

(下一个话题的开始)

在直接询问环节，你也可以用相同的技巧：

王女士，我们已经讨论过你的教育背景(结束)，现在不妨聊一聊你的职业经历吧(开始)。

如果你在前一个话题结束、后一个话题开始时稍作提示，听众们就能更大程度地与你的思路保持一致。

在交叉询问环节，为了保留不经意提及某问题的效果，我们通常不会告诉证人接下来要问的问题是什么。因此，练习从一个主题到另一个主题的过渡就不会明显遵循近因效应和首位效应，前一个话题的结束语与后一个话题的开始语之间也没有明显的标志。如果你希望陪审团在你继续往下讲之前能仔细思考一下你之前说的内容，可以选择稍作停顿，留出 2 秒到 3 秒的空白，以强调其重要性，再继续说下去。你觉得 3 秒钟的沉默太久吗？当你反复练习在心里一秒一秒地数，你就会逐渐习惯用短暂沉默作为过渡了。

◎ 手势激活练习

练习如何快速本能地启动手势，然后将大脑解放出来去思考更重要的事情。首先要确定想要讲述的内容，然后找到适当的配合语言内容的手势。将关键词放在“架子”上，这些齐腰高的手势有助于突出你对关键词的强调。

◎ 练习大声朗读

有时候，你需要照着文本朗读，如在弹劾阶段，你需要照着报告、合同或证人陈述和证词朗读。你必须抑制住越来越快的语速，确保听众可以跟得上。当你必须照稿宣读时，为了获得预期的效果你应做到以下几点：

1. 将阅读的材料用手拿起。不要把它放在讲台上。
2. 一次读一个短语，强调每个短语中的关键词。
3. 传达出字词的含义，而不只是读出字词本身。

练习在阅读中放慢语速，必要的话可以在阅读材料上做标记辅助朗读：用斜线标出短语之间停顿的位置；用下划线标出短语中的关键词，查清并批注上它们的含义。这样一来，短短几分钟的练习就能够起到较大作用。

大声朗读练习的目的是让你对文本有较深刻的印象，因此这一环节不可忽略。如果你发现在发言的过程中随机应变十分困难，请不要犹豫，再读一遍 。在第二遍的朗读中，请有目的地多加注意。

◎ 凭记忆背诵

在某种意义上，对短语或句子的重复在庭审中十分有用，甚至是必不可少的。庭审过程中你可能需要引用你的客户或是对方当事人提到过的信息，或是合同、信函、电子邮件、声明、副本及证人证言。你需要将它们背诵得滚瓜烂熟，直到可以脱口而出的程度。当你想要引用某个人或是某份文件中的确切内容时，请一定要再次检查内容是否准确，确保万无一失。准确记忆并引用能使发言更加有力，但只能是准确背诵，绝不能是用自己的话对原文进行解释。

◎ 笔记与视觉辅助工具

一旦确定了整个发言的结构，请务必配合最终版本的笔记进行练习。确保笔记字迹大且清晰，无论将其放在讲台上还是律师桌边都可以轻松看清上面的每个字。

如果你打算在发言中使用视觉辅助工具，请在正式发言之前配合这些工具进行练习，并确保听众们可以清楚看到它们。如果你打算在活动挂图上写字，就一定要把字写得又大又清楚。通常而言，大号粗头记号笔比其他记号笔的书写效果更好、更容易看清。

当你练习使用活动挂图、投影屏幕或其他视觉辅助工具讲话时，请保证时刻面朝观众。如果你一直面朝这些工具进行演讲，听众很容易产生一种被忽视的感觉。当你想要用手势指示视觉辅助工具上的内容时，应当使用距离它们较近的那个手臂；当你指向视觉辅助设备上的某些内容时，请将你的手在视觉辅助工具上稍作停留，但将你的头部和眼睛转回去与听众交谈。指向视觉辅助工具—转向听众—与听众交谈。

事先与计算机投影配合练习，能够让你感受到听众第一次看到的内容。调整自己语言的节奏，留出时间让听众去阅读、消化投影上的内容。想让听众边听你的发言边阅读投影上的内容是无稽之谈。你要告诉他们正在看的是什么。

再次强调，不要背对听众，要与陪审团探讨屏幕上的内容。如果你需要朗读视觉辅助工具上的内容，注意使用之前讲过的那些技巧。在视觉辅助工具使用完毕之后，请将其转回空白幻灯片，或将投影仪关掉，从而确保你和听众都可以回过神来，不受视觉辅助工具的干扰。

◎ 大声练习庭审套话

在法庭，无论是为了表明对法官的礼貌还是纯粹为了庭审笔录，你需要在特定的时间点上把一些礼仪套话大声地说出来，其中包括展示证据、控告证人的证词前后矛盾等。通过大声练习，你能够顺畅自然、充满自信地完成这些步骤。例如：

我手中持有的是已经经过鉴定并预先标记的被告一号物证。

向对方律师展示……

法官大人，我可以（向证人席）走近一点吗？

此时我正在向您展示的是已经过鉴定并被预先标记的被告一号物证。

你认出来了吗？

这是什么？

不同类型的物证需要通过不同的措辞将其最终顺利变为证据，出示照片的措辞一定和出示商业记录的措辞大不相同。按照合理顺序，一步一步地反复练习这些基础性的问题，并保证每一次都能做到言辞确切，直至能够自然而然地脱口而出。在整个练习过程中，就好像你真的在向对方律师展示，或逐渐走近证人席一样。练习的次数越多，肌肉记忆就会越深刻，并帮助你在压力之下更好地发挥。

◎ 录段视频

最有价值的反馈莫过于能像其他人一样看到自己的表现、听见自己的声音，因此如果方便的话不妨使用能够录制视频的摄像机或智能手机将自己练习的过程录下来。在练习时不要紧盯镜头，边直视镜头边思考，说话很难做到注意力集中。如果你把椅子当作站在那里的证人，请将相机稍微偏向椅子的侧面，或是将照相机放在陪审团的位置上，从陪审团的视角录下自己。

在看视频的时候，不要一味地自我批评，也要看到自己的闪光点。在进行自我分析的时候，一种较为客观的方法是着重分析可观察、可量化的部分：你多久动一次脚？你 1 分钟走了多少步？你停下来思考或留给陪审团思考的时间大概是多少秒？演讲开始后第几秒你开始了第一个手势？你的手势通常持续多少秒？一旦知道了这些数字，你就可以设定明确的目标，以便在下次练习时能够减少不必要的动作、停顿更长时间或更早地做出手势。附录二中的视频自我检查表将有助于你的自我评估。

练习解决具体问题

“我说话太温和了。”

如果你是柔声细语型演讲者，不妨多练习在说话之前和说话过程中深呼吸，放慢语速，让句与句之间有更长的间隔以便自己能够进行更深、更长的呼吸。练习在每一句话的结尾处停顿一下进行深呼吸。由于强调关键词时常常会更大声，尽量保证在每个短语中都至少有一个词被强调。练习时注意带上手势，找到语言和双手协同的感觉。

说话温和的人一般越到句子或问题的最后声音就越弱。为了避免这种情况，越到句子末尾就越要大声说话，并要刻意强调每个句子句末的字词。给自己心理暗示——越到句末越要大声说，以保证整句话音量一致。

“我总乱动。”

站起来，有意识地动动脚趾，感受你的脚趾在鞋子里与鞋底进行摩擦的感觉。感受你的脚与地板接触，而地板属于这座建筑，建筑则建在地球之上。你的基座就是地球，感觉自己的双脚牢牢扎根在地球上。从开始说话的时候就不要乱动，抑制住边说话边走动的本能，让双臂代替双脚做动作。

说话开始后立刻做出手势。尽管身体能量的运动往往是由头到脚，但此时你应该将能量从双腿传输到手臂上。一旦手臂能够做出适当的手势，你的声音也能够更具表现力。

最初从一段开始，保证在说一段话或是讲一个主题的时候双脚不乱动，逐渐过渡到能够保持静止直至完成整篇演讲。当你可以做到静止不动的时候，再尝试在话题与话题之间适当移动身体作为过渡。例如，在开庭陈词中，你可以在谈论你的客户时站定在某处，然后走动至他处来谈论对方当事人。在最后总结时，再换一个位置。在询问环节中，练习在话题与话题之间限定走动的次数，适当地走动。

“我说话太快。”

语速过快是习惯所致，习惯是可以改变的。练习用短语的形式说话，注意给短语之间留足停顿时间。在说话之前，深呼吸，将注意集中在室内的沉默上。在说话时，注意利用好这种沉默。开始说话后，在第一个短语结束时立即插入片刻空白。而在第一个句子的结尾处，停留的时间要比短语之间的空白更长，而且要注意控制这段沉默的时长，其往往应该比下意识认为应留出的空白更长一些。将句末的句号看成红灯，你必须在这红灯下静静坐等片刻。不要过度关注说话的速度，要更多地关注短语与短语之间的空白。

练习时请注意运用上这种节奏。当你能够听到这种沉默，就会逐渐意识到给自己留一些时间进行思考，可以让说话变得更轻松。逐渐缩短短语之间、句子之间的空白，直到找到一种适合你作为出庭律师发言的节奏。这是针对庭审发言的练习而不是找日常对话的节奏。当你知道该如何放缓语速，也就能够加快语速了。

“我的眼神不能专注。”

在说话之前，先保证目光能够聚焦。将你的目光聚焦于房间中假想的证人、法官、陪审团或仲裁员上，再开口说话。在大声说话的同时，有意识地保持目光集中。一旦在中间停顿的时候发觉自己的目光开始涣散地游走在地板、天花板上，要将视线收回，重新落在刚才有目光交流的听众身上。在练习向假想的证人提问时，请直视这位证人。你可以在一张纸上画上和真人眼睛一样大小的“眼睛”，并把这双“眼睛”贴在椅子上，在提问时就注视着它们。当确定了假想的陪审团的位置后，用两把椅子代表陪审团的两端，在练习时与这些假想的陪审团进行眼神交流。

“我总说‘嗯’。”

为了克服这个坏习惯，你可以在每次想说“嗯”的时候都用沉默取而代之。先找一个你较为熟悉、相对日常的话题，比如描述一下上周都做了什么，或是上个假期都去了哪里……尽可能大声说话，不要小声嘀咕。在大声说话的同时，唯一需要注意的问题就是要用短语的形式说话，注意短语之间、句子之间的间隔。重要的不是节奏，而是间隔时的停顿。这个练习的目的在于帮助你更自觉地用空白代替“嗯”“啊”等思维噪音。

在开始之前，留意周遭的沉默与宁静。然后开始说话，在短语与短语之间、句子与句子之间插入沉默的空白。以下是节奏的示例：

上周……（停顿）

我非常忙……（停顿）

我一分钟都没停。（停顿）

当我在周六醒过来……（停顿）

我需要做的第一件事……（停顿）

就是处理一些鸡毛蒜皮的小事……（停顿）

并给我的车加油。（停顿）

当你发出了思维噪音时，要留意但不要停下来责怪自己。根除这种根深蒂固的顽疾非一朝一夕就能做到的。继续说下去，越长时间不发出思维噪音越好。当发出思维噪音时，要加以留意，避免其在接下来的说话中再次发生。

当你谈论上述两个日常话题都可以游刃有余时，尝试换一个和法律相关的话题，最好是最近经常在工作中出现、经常在你脑海中徘徊的话题，比如解释合法性、讨论“超出合理怀疑”或“优势证据”的含义、解释商标和版权之间的差异。想象自己要将这些法律概念解释给不懂法律的人，就像在庭审中要把事实讲述给法官、陪审团或仲裁员一样。不要忘记短语之间的停顿，这比讲话的主题还重要。

练习的时间不必过长，起初，大概 5 分钟至 10 分钟即可，然后在保证能够合理停顿、不发出思维噪音的前提下逐渐延长练习的时间。练习更长的发言，比如开庭陈词或结案陈词。在足够熟练后，下一步练习在对话中不发出思维噪音。在日常比较随意的环境中，想要避免发出“嗯”“啊”的思维噪音是更加困难的。练习次数越多就能越早养成用沉默代替思维噪音的新习惯，从而无须思考就能顺畅无阻地说话。一旦能够在发言中做到这一点，你离成为一位优秀的出庭律师就更近了一步。

“在直接询问中，证人回答完问题我总会说‘好的’。”

在直接询问环节中，证人回答完问题后很多律师会下意识地说“好的”。就像所有习惯一样，出于种种原因，这种习惯很难被改掉。在日常对话中，我们通常用“好的”来表达对于所见所闻的肯定，或是点头、发出“嗯”的声音等。律师们在听取证词时会反复地说“好的”，致使这种习惯被无意识地强化了。

想要改掉这种习惯，并不能靠一味给自己发送消极信号：“不许说‘好的’！”因为大脑对于这些消极信号没有良好的反应，尤其是对于下意识的活动，诸如随口说出的“好的”。如果你意识到了自己总在说“好的”，就要想办法停下来。不要试图直接对此发出消极信号，而应当留心说“好的”的时间点。如果你总在证人话音一落，脱口而出就说“好的”，那么听起来就会是这样：

问：你的职业是？

答：水管工。

问：好的……你做水管工多久了？

答：20 年了。

问：好的……你在哪家公司工作？

答：我自己干。

问：好的……

既然总在证人话音刚落时脱口而出“好的”，那么你不妨将注意力集中在那一刻。当证人说完话，就立刻吸气。随着空气吸入，气体填充肺部需要 1 秒钟，你自然没办法同时说出“好的”。这 1 秒钟的空白恰好可以用来设计下一个问题，想好下一个问题要问人物、事件、时间、地点还是原因，应该用描述的方法还是解释说明。与此同时，可以为陪审团留出时间思考证人说的话。

大声练习直接询问，对着假想的“法庭”中的“证人席”讲话。在每个问题发问之前吸一口气，以此训练自己的身体在证人回答完毕时条件反射地吸气。这种新习惯将取代之前下意识说“好吧”的毛病。在练习中，尝试扮演两个角色：一个是向证人提出问题的律师，另一个是做出回答的证人。在回答上一个问题与提出下一个问题的间隙，有意识地吸气。或许你的嘴巴还是会做出想要说“好的”的嘴型，但在它脱口而出之前就会被你自己抑制住，这就是进步。最终你会不再想说“好的”。

“我总会在交叉询问环节中用‘*那么*’开头，引出引导性问题。”

交叉询问环节中的引导性问题往往会以“那么”作为开头，有时候还会伴随诸如“然后”“呃”“嗯”等思维噪音。这是一种很常见的口头习惯，就和在直接询问环节容易说“好的”一样，往往是律师们在意识到之前就已经脱口而出了，很难加以抑制：

问：你是一名水管工，对吗？

答：是的。

问：那么……你已经做了20年的水管工了，对吗？

答：是的。

问：那么……你是自己干的？

答：是的。

问：那么……嗯……

在日常对话中，我们经常会用连词“那么”将句子与句子连接起来。这是一种根深蒂固的口头习惯，大脑会在交叉询问时不自觉地用此作为问题与问题之间的连接。和其他习惯一样，你不能通过消极暗示“不许说‘那么’！”的办法来消除这个习惯，相反，应给自己积极引导，用有意识呼吸的方法取而代之。当证人回答完你的问题后，你就立刻吸气，以保证“那么”不会脱口而出。

练习在交叉询问中大声说出引导性问题。在提出每个问题之前，有意识地吸气，以此训练自己的身体能够形成吸气的条件反射。在扮演律师、证人两个角色时，大声回答你自己提出的问题。在回答了“是”或“不是”之后，在询问下一个问题之前吸气。

“我的演讲无聊乏味。”

从两方面来解决这个问题。如果可以的话，观察视频中的自己。看看自己是否板着一张脸，或者是否在说话时没有传递出任何情绪或态度。

首先，调整面部。如第一章所说的那样，调整你的眉毛、眼睛和嘴唇以达到自然状态，不要皱着眉头。轻微挑眉，微张双唇。

问问自己的面部表情展示给听众的是怎样的态度：充满好奇？饶有兴趣？津津乐道？出庭律师最忌讳的就是“哥特式律师”：面无表情、死气沉沉、僵硬死板，如同赴死一般。冷酷无情、面如死灰的态度没办法让你的发言妙趣横生、引人入胜。你可以参考第二章的态度列表，重新调整面部表情，选择适合自己策略的态度风格。

找到一个有趣态度的有效方法是，问问自己想要展现出一种什么样的态度？在开庭陈词环节中，和你的当事人交谈时的态度与和对方当事人交谈时的态度就应该不尽相同。在严重人身伤害案件中，你应当用一种态度讲述你的当事人在案发之前生活多么幸福美满。“他过去每天都会慢跑五公里。”之后用另一种完全不同的态度讲述案发后他的生活状况，“现在没有别人帮助的话，他自己不能站起来”。在直接询问环节，练习保持好奇的状态，让陪审团意识到你的证人证词切中问题要害。如果你希望陪审团对于证人持有怀疑态度，你在说话中就要将怀疑的意思流露出来。或者在最开始时用善意感动证人，然后再表现出强硬的态度。在练习结束陈词时也要选用一个态度，无论是争辩还是乞求。要在愤愤不平、惊奇诧异、迷惑不解或是抱有怀疑中随机应变。

非正式练习

上述提出的练习方式相对较为正式。在房间里模拟法庭场景、大声练习是必不可少的，但这绝不是唯一的练习方式，你还可以通过一些非正式的练习方式提高技能。这些非正式的练习方式没办法同时锻炼多种技能，但对于协调你的大脑和说话大有裨益。

以下是一些建议：

1. 在驾驶汽车时大声说话。尽管在驾驶时你需要操控方向盘而不能练习手势，驾驶的时间却为你提供了一个很好的机会来戒掉不好的口头习惯，诸如思维噪音、说话太快或说话太轻柔等。为自己的练习设下训练时间，比如10分钟。这种练习不会受到局限，如果你正要开车去听证会，这种练习会特别有价值：你可以把它当作口头热身。当你知道自己已经练习了很多次，自信心就会大大增强。

2. 在散步时大声练习。采用这种方法进行练习的名人大有人在，比如亚伯拉罕·林肯。根据历史学家哈罗德·霍尔泽的说法，“为了熟悉演讲，他在斯普林菲尔德的街道上一边走一边大声朗诵段落”。这将是你大声练习开庭陈词或是结案陈词的绝好机会。先从零散的几个片段开始练起，诸如开庭陈词或结案陈词的第一段和最后一段，以此考察自己对于这些重要段落的熟悉程度和可替换能力。

3. 在公开发言当天早上边做例行事项边进行练习。当你洗澡或煮咖啡时，练习大声说出你晚些时候要带着压力说的内容，为大脑和声音做热身。这种练习可以帮助你形成肌肉记忆，对于增强庭审演讲技巧大有帮助。如果条件允许，你最好能在正式发言之前多练习几次大声说话，比如走进附近的空房间、废弃的楼梯间，甚至是一个空置的洗手间，然后大声说出你的第一句话。这样在真正开始之前就能够做好充足准备、自信满满。

◎ 在日常对话中练习

每次开口说话都是锻炼表达能力的机会。尤其是在没有压力的情况下的练习尤为有效。在和一群朋友同事的聊天中，可以练习消除思维噪音；在和别人一对一交流时，可以练习放慢节奏、用短语的形式说话；在会议或课堂中，可以强迫自己主动回答问题，以此作为压力之下说话的练习。

为了给直接询问环节做准备，你可以在对话中故意设置一些关于“谁”“什么事”“何时”“何地”“为什么”“怎么样”“请描述”“请解释”“请讲述”的开放性问题。这样不仅能够吸引谈话的对象，还能够培养在对话中从他人的回答中获取信息的能力。这些都是直接询问环节的关键技能。

◎ 观察、适应与接受

向具有启示意义的榜样学习。当你遇到真正优秀的演讲者时，认真聆听，思考为什么他们的演讲如此精彩绝伦、令人印象深刻。听听他们的节奏、思考他们演讲的句子之间沉默的时长、看看他们的手势。你能否将他们演讲中有效而新颖的手势学为己用？扩展手势就如同扩展口头词汇，学会一个新词并熟练准确地加以使用，就和学会一个手势并使其成为你个人风格的一部分一样。

当你听到一个反响平平的演讲时，问问自己这样的演讲为什么会给别人留下不好的印象。是思维噪音过多还是语速过快？在自己的演讲中避免出现相同的问题，并在日常练习中注意不要出现这些问题。

◎ 对立面法则

当你创造自己的风格时，要留意其中的个性化元素。或许你声音洪亮、掷地有声，熟练运用手势但语速较快。那么在创造个人风格方面你已经有了一定优势，但在平常练习的时候你需要遵循“对立面法则”：放慢语速、变得更加柔和，为听众呈现更加丰富多样、对比鲜明的演讲。

当你练习使用对立面法则后，你会发现你的技能仿佛变为先前的两倍：不仅仅可以发挥与生俱来的风格优势——吐字清晰、声音洪亮、手势鲜明，还可以做到柔声细语、娓娓道来。听众会期待你风格变换、对比鲜明的演讲接下来带来更多的惊喜与新鲜感。人类本就追求变化多样，厌倦一成不变，演讲的风格更是忌讳单调重复。时不时地改换风格能够赋予听众以新鲜感，而不会令人昏昏欲睡。

当你向一个意想不到的风格转变时，你将会为自己的演讲加入全新的表现力。这种转变的效果体现在对关键词、关键句和问题的强调上。如果你一贯的风格是声音洪亮、掷地有声，很明显你不能通过再次提高音量、加快速度来突出重点，否则会过犹不及。相反，放慢语速、弱化语气则能起到更好的效果。问问自己怎样做能和平时的风格产生对比。这就好像为美味可口的传统食物添加几许异国情调的香料调味，你只需要慢一点、柔一点，而不需要摒弃全部个人风格、彻头彻尾地改头换面。

在真实场景来临之前提前进行练习，通过不断练习你能够感受到带有你个人风格的词库已经逐渐扩大，你可以在其中任意挑选。就像一位技艺精湛的爵士音乐家一样，你能够享受活在当下的感觉，并感觉到自己的选择是多么正确。

为智力游戏而练习

找到自己的套路、掌握过硬的技术、依靠良好的表达习惯，这些都是你在法庭上表现良好不可缺少的基础。为庭审做好心理准备，直面挑战，不要逃避，这是最后一个关键性技巧。如果你想要做好充分准备并期待在压力之下能够发挥得更加精彩，就必须玩一些"智力游戏"。心理上的准备与消除思维噪音、身体站稳不动一样重要。每位出庭律师都需要一些特殊技巧来应对挑战。以下就是一些为智力游戏而练习的方法。

◎ 做好心理上的准备

出庭律师们面对的是竞争激烈的斗智斗勇。比赛中有一位胜者，一位败者，而法官即是裁判。为了赢得胜利，在竞赛之前就要让自己精神振奋。就好比运动员在竞赛之前会欢呼呐喊、相互激励一样，律师们应在心中默默为自己加油打气："我能做到！胜利是属于我的。"自信来源于前期的准备，告诉自己："我准备好了，我的练习足够充分。现在，我只想要赢。"用书中讲过的技艺进行准备，然后让自己在心理上做好准备，直面挑战，不要逃避。

如果你曾有过不愉快的演讲经历，你可能会患有创伤后应激障碍，或"创伤后语言障碍"。或许你在法学院、大学甚至更早的时候曾经在说话时忘词、语无伦次，而这个经历若一直困扰你至今，那么是时候克服它了！

在练习时将自己的表现录制成视频，并使用附录二中的视频自我审核清单进行审核。注意看、听自己的发言，注意自己风格中好的地方。将这些记录在纸上："我身体站稳没有乱动。我说话时没有发出思维噪音。我的手势很自然。我显得一点也不紧张。"在这些优势上建立新的信心。不要对自己没做好的事过分地自我批评，或者在一些无法改变的问题上大动肝火："我该减肥了""我的眼睛间距太近了"……这种行为会让你心烦意乱，不要去做。

在下一次公开演讲之前，看看积极事项清单，并告诉自己可以完成。将更多注意力放在自己风格中的积极因素上，你将逐渐克服创伤后应激障碍，将它远远甩在身后。

◎ 克服焦虑

庭审发言能够引发深刻的个人问题并放大焦虑。有些律师承认自己讨厌成为众人关注的焦点，或是不喜欢被人盯着看。

有的则不愿意与陌生人进行目光交流，或是对交叉询问环节缺乏自信，因为交叉询问需要太多的“霸气”。如果你也有上述问题，这种情况是可以被改变的。你可以有意识地改善这种焦虑。找出困扰你最深的因素，有针对性地进行练习，直到你逐渐适应。

◎ 练习呼吸

在本书提及的所有技巧中，有意识呼吸的练习既是最重要的，也是最容易被忽视的。当你为庭审准备时，有意识呼吸可以帮助你消除前期无意义的消极想法。随着法警的一声“全体起立”，庭审正式开始，有意识呼吸就是最后一个可以让你冷静下来保持头脑清醒的办法了。练习的次数越多，有意识呼吸的效果就越好。当你专注于有意识呼吸，就不会为接下来可能出现的问题烦恼，因此也就为自己接下来的良好表现做好了心理上的准备。

本章小结

练习是提高技能的唯一途径，能够将你所知道的内容转化为娴熟的表达技巧。克服练习时所有的障碍，学会独自、大声、大量地进行练习。记住，练习不是为了让你表现得完美，而是为了让你表现得更好。因此，要对自己有耐心，有条不紊地进行练习。练习并不需要一天花上几个小时，时间短、次数多的练习会更加有效。

创建笔记作为视觉辅助工具，可以让你的即兴创作更有逻辑。在你开始时，应从脚到头运行一遍“身体动作一览表”，预热你的发声器官，使肌肉为接下来的工作做好准备。特别注意开头和结尾。一旦决定了要说的内容，就训练自己立即加上手势。

配合视觉辅助工具进行练习。如果你打算照稿朗读，请提前做大量练习，并有意识地使朗读体现出词句的含义。如果你想要提升某个特殊技能，则应每天花上 10 分钟专注于此。

除了正式的练习之外，日常生活中的非正式练习也能够提高你的演讲技能和表达能力。多去观察其他演讲者的演说，择其善者而为之，其不善者而改之。演讲前做好心理上的准备，在做得好的时候对自己的进步感到兴奋和满意。

练习真的是在短时间内取得进步的最切实有效的方法，看看职业运动员或音乐家就明白了。如果你读到了这里还没有做过上述任何练习，那么放下书试着练一下吧。

说给自己的话

“短短 5 分钟的练习就能够增强自信心。”

“配合着笔记大声练习，以确保万无一失。”

“堵车了！正好可以把演讲的开头再练一遍！”

“消除思维噪音，在思考时保持静默。”

“和同事们共进午餐时，多注意与他人进行目光交流。”

“在这通电话中，采用‘下楼梯式’的演讲技巧让自己听起来更加自信。”

“说话太快只是一种习惯而已，养成断句法这一新习惯来代替它。”

“多练习结尾部分，这样就能在时间不够时直接跳至结尾结束发言。”

第五章

技巧在庭审中的应用

本章将整合你在上述章节中学到的发言技巧，供你应对庭审过程中的各个环节。你要将身体、大脑、语言协调一致，为开庭陈词、结案陈词中的发言、陪审团遴选、直接询问和交叉询问中的问答做好准备。为了获得最佳效果，请站起来感受所做的肢体动作。诸如变换提问形式等说话技巧同样适用于坐着发言，只要你能大声提问即可。

陪审团遴选

第一印象是非常重要的。因此，在陪审团遴选期间，尽量给陪审团候选人留下良好的印象。陪审团遴选是你第一次与陪审团以及最终的陪审团正式人选建立联系的机会，因此在开口说话前，要先确定做自我介绍时用什么样的态度、语气和举止。专业出庭律师在庭审过程中所展现的始终是自然、得体的举止。

如果你希望陪审团成员们与你开诚布公，那么你也需要对他们敞开心扉。信任是相互的，你要先表明坦诚的态度。不要畏缩在讲台后面，双眼紧盯着便笺簿上的笔记；你要走到台前，与听众保持目光交流，并保持手势舒展、自然；不要过于紧张，避免将双手攥紧放在腰下裆部前方。在开口说话之前，将双手放到齐腰处的准备位置，以便于在讲话开始时可以立刻调动起你的手势，这样你可以保持相对放松的状态，并做好演讲的准备。

在介绍环节不要看便笺簿上的笔记，而应事先做好准备，并多加练习。准确熟记开头要说的内容可以让你更有自信，并能够更自由地与陪审团进行目光交流。你要简要地介绍遴选流程，让陪审团候选人明白针对这个具体案件的遴选标准，并举例详细说明，比如近期曾遭遇车祸者不适合做车祸案件的陪审团。同时声明你无意探听别人的隐私，告诉候选人他们可以选择到单独的房间回答提问。以上发言不要太长，简短为宜。

与个人说话的时候，要用诸如“先生”“太太”“女士”等称呼。事先制作一个清晰易读的姓氏座位表。当你不需要看座位表时，可以将其放在一旁，不要用它做手势或者把它像握着护盾一样紧紧攥着。当你对全体陪审团成员发问时，请指导他们有序回答问题，比如举手回答。

陪审团遴选的过程因各州或地区的司法管辖而异，有的州或地区的法官会询问全部问题。所以，如有必要，可以事先了解所在州或地区的陪审团遴选程序。在向陪审团提问时，以下技巧有助于让陪审团注意到你提出的问题：

1. 讲明与案件相关的话题。

2. 对该话题进行广泛讨论/奠定一系列感情基调。

3. 向陪审团成员逐一发问。

4. 使用开放式问题以了解更多信息。

5. 用引导性问题作为结尾。

比如，在讨论由于驾驶过程中发短信而导致的交通肇事案时，可以试试以下方式：

1. 讲明话题："这是一个由于驾驶过程中发短信而引发的案件。"

2. 提出不同的观点和态度："有些人认为驾驶途中发短信是一种极端危险的行为，并表示绝不会这样做；另外一些人却不以为意，觉得这无可厚非。"

3. 向陪审团逐一发问："埃斯科巴女士，你对边开车边发短信的行为是怎么看的？"当你得到回答后，再随机向另一位提问："威尔斯先生，你有不同的看法吗？""戈德斯坦夫人，你觉得呢？"要用随机的方式提问，让全体陪审团成员保持注意力集中，以便做好回答准备，甚至跃跃欲试。这要比按照一定顺序逐一提问效果更好。在提问之后，再问一句"其他人还有什么要说的吗"，以保证每个人都有机会参与。

在不同的案件类型中，这种技巧能够适用于多种不同的话题，如大公司、保险公司、大陪审团裁决、摩托车、枪支、酒精、承包商、不忠行为等。在医疗事故案件中，话题可能与医生有关。“本案涉及一位医生。有人认为医生是一项非常崇高的职业；有人则曾因医生的医护不当而受伤。你对医生这个职业怎么看呢，这位先生？”这样一来，话题就被打开了，这样你就能有更多的机会继续进行深入讨论。

此外，还有一种手势适用这个技巧，即用双手做出空手道“竖劈”手势。想象将下面这个话题放在你正前方的“架子”上：“本案涉及驾驶过程中发短信的问题。”之后将听众的反应分为两类，用一只手示意正面回应，用另一只手示意负面回应。思考在本案中提出的问题，展开讨论适用于上述手势的主题，然后一边做手势一边大声练习。

4. 使用开放式问题：一旦某个陪审团成员对于某个话题反响强烈，你需要调查更多细节。正如在直接询问环节中你所做的那样，多用由主体、事件、时间、地点、原因和开放性问题来获取信息。另外，发问时要注意有礼貌。

请描述这段经历。

请进一步解释你的意思。

请描述一下你的感受。

请详细说明一下。

需要注意的是，用动词开头的问题往往只能引出“是”

或“不是”的回答。“你是否觉得……?”“你是否认为……?”“你能否……?”“你能否保证……?”对此类问题的回答能披露的信息较为有限。

5. 提出引导性问题：面对特定某个人，要用引导性问题询问：“提起这个问题你的心情很不平静，我说的对吗？你是否觉得把这种个人情感搁置一边很困难？鉴于这种经历，你在本案中能做到公正客观吗？”如果对方做了坦诚的回答，你一定要给予肯定。你对他们的坦诚表示认同，他们会更愿意与你讨论个人的强烈情感：

感谢你的坦诚。

感谢你开诚布公。

我非常欣赏你的坦诚。

你的坦率值得赞美。

开 庭 陈 述

想要让开庭陈述具有说服力，就要清楚地知道陈述事实和论证结论之间的区别。在开庭陈述中，你要陈述你期望通过庭审澄清什么样的事实。这并不是一场基于事实进行推理和论证的开庭论证。否则不仅违背了论证原则，而且也会因为事实证据不足而显得有些自以为是。出庭律师时常会犯诸如此类错误。避免在开庭陈述环节做论证的一个简单方法，就是在开庭陈述中大声问自己：我所说的这些是从证人陈述、证词、专家意见、文件或证物中得出的事实吗？还是我从这些事实中得出的推论或结论？如果是推论或结论，那它应该被放在结案陈述中。

开庭陈述中需要避免的另一件事，是让陪审团站在其中一方的立场上。你不能问陪审团："如果你处于这种情形，你会怎么做？"你也不能说："她只是做了你我都会做的事。"你更不能以个人名义为证人或事实担保。另外，要格外留意第一人称用语，诸如"我……""我认为……""我相信……"等说法。因为对此对方会以"提出异议，违反道德！"的方式提出异议，且这种异议很容易被认为有效，这是我们所不想看到的。因此，一定要基于事实，做到客观、实事求是。

开庭陈述要避免陈词滥调："开庭陈述犹如一张路线图……"会有陪审团对路线图感兴趣吗？"它就好像一张目录表……"目录表能够引人注意吗？假设你在陪审团遴选时已经介绍过自己了，此时就不需要再赘述，直接开门见山即可。

开庭陈述的主题应体现你对案件的看法。你应用有趣的方式给出令人信服的观点并配以符合主题的手势。此前要确保自己配合手势进行过练习。

在开庭陈述的过程中，要注意适当进行这样的表达："证据表明……"因为开庭陈述原本就是证据披露的过程，一遍一遍地传递无意义的信息会令听众厌烦，最好直接进入主题。

注意要向陪审团解释证据是如何披露事实的，或者说明事实披露人是谁。

被告将坐在证人席上并承认……

你将阅读合同中的语句。

事故重建专家将向你展示这究竟是如何发生的。

你将看到抢劫中使用的枪。

说到你的当事人时用一种态度，说到对方当事人时用另外一种态度。就如同当提起你最好的朋友时，你的态度和语气会和提起你最讨厌的邻居时截然不同一样，面对不同对象应当选用不同的态度。

想要抓住陪审团的注意力，首先应该声音饱满、自信，然后再时不时地通过降低音量、放缓语气带给听众一些新鲜感。适当变换表达方式是抓住陪审团注意力的关键。在关键部分变换语速和音量以起到强调作用。就好比用荧光笔标注书中重点内容一样，在希望陪审团多加留意的地方，你应当放慢语速、将语气变得更加轻柔而充满感情。在每一个重要信息的节点上稍加停顿，给陪审团留出思考和理解的时间。

如果你实在觉得有必要感谢陪审团的付出，请在开庭陈述的最后表示感谢。不要听信别人告诉你要在一开始就说这样的话，因为刚开始就致谢会让陪审团觉得你不够真诚，而在最后致谢则会好很多。你不妨在最后的总结之前说："最后，请允许我对陪审团的付出表示真挚的感谢。”这同时是在向听众们发出演讲即将结束的信号。这对你的发言十分有利，因为这样一来陪审团会更加重视你接下来要做的总结：

在庭审的最后，我希望大家可以支持……

在听完全部证词之后，我希望大家……

要将音量、自信和语音强度保持到最后一个字的最后一个音节，不能在最后一个短语上掉以轻心，要反复练习最后一句话，确保能够毫不犹豫地脱口而出。

我希望法庭能作出有利于原告的判决。

我希望法庭能作出有利于被告的判决。

我希望法庭能作出有利于公诉人的判决。

在庭审之前，配合使用计时器大声练习开庭陈述。尤其是当法官限制了你的发言时间时，你需要留意自己的陈述时长。你无法通过幻灯片和笔记的页数来准确地估计完成开庭陈词的时间。要记住言简意赅是一种优势，简洁要比冗长更有力。

直接询问

如果你希望陪审团对你的证人所说的内容充满兴趣和好奇，那么你在提问时就要表现出同样的兴趣。如果你因为早已知道证人的回答而平淡地陈述，那么这只会让听众觉得无聊、无动于衷。要提前想好应该持有什么样的态度，要为陪审团在接下来对证人证词的好奇和兴趣做出表率。对待不同的主题和不同的问题要有不同的态度。

直接询问不是与证人进行简单的一对一谈话，而是向法庭所做的陈述。你要保证自己的说话声音大到足以让所有人听见，并引导证人也这样做。增强好奇心有助于自然而然地提高音量、充满活力。

另一个技巧是保证在你提出的问题中至少有一个词是重读强调的，这样可以确保你说清楚问题并提高音量。

你是什么时候离开的？

参加会议的还有谁？

你的合同读得有多认真？

哪辆车闯了红灯？

你可能会滥用诸如“接下来发生了什么？”和“你接下来做了什么？”之类的问题。这些问题令人反感，因为它引发的答案是叙述性的。但是，这类问题的真正问题在于它们可能会让你失去控制权，因为证人可能会用一种没有说服力、不清晰的方式讲述整个故事。你可以通过限制问题中的时间，来向证人表明你想要一个简短的答案，而不是长篇叙述：

接下来发生了什么事？

你接下来做了什么？

紧接着发生了什么事？

那你做的第一件事是什么？

需要注意的是，直接询问有助于你在证人与审判者之间建立联系。这是一个三边对话：你的证人、陪审团和你。此时全场最重要的就是审判者，因此要用“请告诉我们……”、“请告诉法官大人……”、“请向法庭解释……”以及“请为陪审团明确……”这样的表达。

你还要时不时看一下陪审团。注视着证人开始询问，在问的过程中随意地看一眼陪审团，然后收回视线转移到证人身上。在和多方同时展开对话的过程中，目光需要有些变化，你需要与他们轮流进行目光交流。注意一定要与陪审团进行目光交流，尤其是在重要问题上。关注是相互的，如果你多关注陪审团，陪审团就更有可能关注你的问题和证人的回答。

在直接询问中，你要让证人成为焦点。就像电影需要导演一样，你就是直接询问的导演。不要被过去那些陈词滥调所误导，误以为作为询问的“导演”你应当成为“绿叶”、隐退幕后。那样做只会削弱你在直接询问过程中的影响力。实际上，电影导演也并不会不作为，他们会通过自己的策划指挥演员焕发光彩。因此，你也需要有所作为：通过开放性问题让自己少说、证人多说，从而将证人凸显出来。

开放性问题多是就人物、时间、事件、地点、原因、方式等提问，因此应该多重复以上要素，熟练到使之成为一种肌肉记忆，并能够在直接询问过程中就以上要素向证人提出开放性问题。

除了疑问词，还可以用祈使句：

请描述一下那个十字路口。

医生，请解释一下椎板切除术和椎板切开术之间的区别。

告诉我们你没有回复的原因。

请为此下定义。

请计算收入损失金额。

电影导演会指示演员何时进、何时退，你也可以这样指示证人。以下祈使句就可以帮助你达到这种效果：

停一下，请告诉我们你在想什么。

回到手术前一晚。

快进到你听到爆炸前的那一刻。

因为你已经知道了问题的答案，所以可能会不知不觉地提出引导性问题。有时候如果你问的是基本的、不存在争议的引导性问题，并且这些问题有利于提供证据，法庭是允许的，因为开放性问题有益于直接询问环节的顺利开展。在这种情况下，你要保证你确切知道你问的是哪种类型的问题。于是，关注语法很快就成了自然而然的事情。在陪审团遴选过程中要谨慎使用以这种形式开头的问题，比如：

你是否……？

你能否……？

你是否曾……？

这些问题的答案往往是简单的“是”或“不是”。因此，大部分发言会是由你来完成的，而非证人。在接下来的示例中，看看这些问题的措辞是怎样引导证人给出重要信息的：

问：你是否向银行提供了设计方案、客户名单和营销研究报告？

答：是的。

对比：

问：你为银行提供了什么？

答：我给了他们设计方案、客户名单和营销研究报告。

请记住，陪审团已经知道律师所说的话不能作为证据，因此重要的证据并不会来自你的提问，而是来自证人的回答。如何构建出一个恰到好处的问题呢？以动词开头的问题可以让你的问题处于开放性问题或引导性问题之间。有的会以“是”或“不是”作为回答，而有的则会引发更多的答案。

选择何种问题形式，开放式、引导式还是动词引导式，最终取决于你直接询问中的目标策略。构建出一个恰到好处的问题是具有挑战性的。日常对话并不需要我们留意语法、语义或句法，因此构建问题对于辩护律师们来说并非易事，他们需要通过有意识的大声练习以获得这项技能。

当你提问时，应该用提问的手势——单手或双手手掌向上，自然摊开。提问手势可以令你的讲话充满能量、重点突出且令人兴趣盎然，同时能够引导陪审团将注意力放在证人身上。

好的直接询问会精心设计每一行问题的标题或提要，发问之前通过陈述每一个有针对性的话题，把证人、陪审团和律师自己的注意力聚焦在一起。就如同电影导演的注意力放在摄像机上，辩护律师的注意力要放在一个话题上。

让我们关注事件发生的前一天晚上。

让我们关注 7 月 13 日的会议。

让我们注意一下伤口是怎样缝合的。

或者，你可以自己在问题中加一个小标题：

让我们来谈谈事故当天的天气。

让我们探讨一下该程序所涉及的风险。

让我们深入谈谈你专利中并非显而易见的要素。

交叉询问

如果说在直接询问环节，你的证人是全场焦点，那么在交叉询问环节你就是法庭的焦点。听众的注意力都将集中在你的身上，因此，不能显得过于懒散，不能埋头于笔记或照读题目。要提高语调，与证人大声交流，并通过证人与陪审团进行交流。

交叉询问中，针对不同的问题应该用不同的态度，但不要咄咄逼人。交叉询问因其针锋相对、一来一回的问答方式而具有较强的对抗性，但不要让听众真的觉得你好像怒气冲冲。从一开始就礼貌友好，不仅会让听众诧异于你的优秀技能，也会让证人难以和你意见相悖、发生争执。如果你想让证人同意你的观点，就必须要让自己的观点听起来十分可信。捕获人心的往往是蜜语甜言，而非冷言冷语。开始时要礼貌温和，但如果证人开始反击，必要时也需要变得强硬。

控制节奏。不要一开始就语速过快，过快的节奏可能会“绊住”证人，也可能导致陪审团不能充分理解你的问题。在交叉询问环节中，让陪审团理解是非常重要的。适当的节奏能够让陪审团跟上你的思路，因此在说重点问题时要以短语的形式说话，而不要整句整句没有停顿地说话。

为了澄清每个问题的含义，要注意强调每个问题中的关键词。引导性问题不光是对证人的提问，也是一场面向陪审团的展示。即便你只问了一个简短的问题，也要至少强调其中的一个关键词。例如：

你忘了**寄**支票，对吗？

当你在一个问题中强调很多单词时，这句话听起来会格外重要。

你……忘了……寄……支票，对吗？

实际上，引导性问题通常是陈述句，只是通过改变句末语调的方式将其变为问句：

你从没读过那封邮件？

原则上这样的改变是被允许的。有时候人们也会在陈述句中加上疑问性的短语而将其转变为疑问句：

你是否同意，你从没读过那封邮件？

你从没有读过那封邮件，这是真的吗？

你从没有读过那封邮件，对吗？

你从没有读过那封邮件，我说的对吗？

你也可以将疑问词放在句尾，但要注意不能一遍一遍地重复同一个疑问词：

你从没有读过那封邮件，你同意吗？

你从没有读过那封邮件，这是真的吗？

你从没有读过那封邮件，对吗？

你从没有读过那封邮件，对吧？

引导性问题一次只能涵盖一个事实，如果将几个问题串在一起就会出现以下情况：

问：那天晚上7点左右你和几个朋友出去喝酒了，是真的吗？

答：不是。

这样一来交叉询问就陷入了僵局。证人否定的究竟是哪个事实？是他/她出门的时间，朋友的人数，他/她自己对于“几个”的定义还是喝酒的量？我们无从得知。

大声练习简短的提问，让每个问题只包含一个事实。这并不是日常对话问答的常规模式，因此需要额外的练习：

问：那天晚上你出去了，对吗？

答：是的。

问：大约7点？

答：是的。

问：你和几个朋友一起去的，对吗？

答：是的。

问：你一共喝了三杯酒？

答：是的。

这是在交叉询问环节能够控制住证人的唯一方法。不要忽视陪审团在交叉询问中的作用。他们是整个法庭上最重要的人，因此绝不能冷落了他们，要时不时与他们有一些目光交流。这些技巧最好在你希望引起陪审团重视的重要问题上使用。

结 案 陈 词

结案陈词应当梳理案件要点、证据推理并总结为什么你的当事人应当胜诉。结案陈词不是事件复述，因为陪审团清楚发生了什么，他们在你开庭陈述的时候了解过相关证据，你在那时候提到的证人和证据也得到了认可。**现在，你应该说服他们的只是为什么你应该胜诉，你要论证你提供的证据意味着什么。**

论证需要有力度。尽管辩护都是基于事实和法律的，但是人们在作出判决时多少会有些感情因素。因此，想要具有说服力，在辩论时要精力充沛、情真意切，要向陪审团表达出你对事实的尊重和你所坚持的立场的正确性。

开庭陈述中好的主题思想会同样助益于结案陈词，因此应该得到重述。至此，所有证据都已被展示过了，陪审团会从不同的角度进一步认识这一主题思想。

我在开庭陈述中讲过，这将会是一个关于选择的案例。现在你们已经明白，在本案中被告应当为她的选择负责。

在结案陈词中，你应当回顾被告的所有选择，并说明为什么这些选择意味着你的当事人应当胜诉。一个好的主题就像一首歌中重复出现的副歌，你应该把它“再唱一遍”。

让我们看一下她的每个选择。

首先，她选择……

接着，她选择……

主题能够帮你搭建论点，它也是陪审团审视整个案件的“窗口”。你肯定希望陪审团的思路能跟着你的主题走，这样陪审团的审议也会倾向于你的观点。他们会赞同道：“的确，她确实做出了这样的选择。”

再如，如果你的主题是“绝境中的男人的绝望之举”，那么你在论证过程中就要将全部事实围绕“绝望”展开。

“陪审团的各位成员，被告当时确实处于绝境之中。让我们回顾一下他不堪入目的财务状况。”

收集能证明他财务状况陷入绝境的相关事实。

“接下来，让我们看看能够证明他是在绝境之中烧毁公司的证据。”

教授与辩论是紧密相连的两项活动。辩论的时候把自己当作一位好老师，教会陪审团按照你的方式而不是从对方律师的角度来看待事实。善为人师者胜。要选用最适合案件复杂程度和陪审团组成的节奏，在关键点上稍加停顿，让陪审团思考你刚刚提出的问题。让沉默的空白增强言语的说服力，不要急着往下说你的下一个论点。让听众充分地领会到你的意思。你要把你的观点教给陪审团，这样一些陪审团成员才能在审议中复述你的观点，从而说服其他的陪审团成员。你是在教陪审团成员最大限度地倾向于你的观点，使其在审议中成为你的支持者。

用陪审团指令中的语言，并在自己的论述中加入关键短语："他未能履行这一职能……""这具有一定合理性和可预见性……""她有权恢复……"陪审团在日常对话中不会使用法律语言，因此你需要通过使用关键词语、短语来引导他们这样做。

法庭辩论环节是你自圆其说的好机会。在友好的日常辩论中，未被说服者会说你没有把道理讲通。进行推论并得出结论可以让你依据事实得出的主张变得合乎情理。论证就像算数：事实A（具体证词）+事实B（文件）+事实C（专家意见）=结论。你要把这个公式给陪审团讲通：A + B + C =结论。注意论述的结构与开庭陈词中讲故事的弧线形思维完全不同，论述是从证人口中讲述的不同版本的故事中提炼出具体细节，并将这些具体细节总结在一起，从而得出无懈可击的结论。

在整合、补充的过程中，要确保给陪审团留出足够时间思考。陪审团并不是在你话音刚结束时就被你说服的，而是在回味咀嚼之后突然想明白的。因此，要给陪审团留够时间思考。在你的论述的关键信息处要记得引导陪审团："他损失了数百万美元，事业失败了，巨额负债接踵而至。然而就在事发之前，他拓宽了火灾保险的范围。请陪审团想一想。"停顿。此处就是陪审团被说服的时候。

结尾要铿锵有力。想要做到这一点，唯一的方法就是确切地知道结尾处要说什么，并自信地说出来，让陪审团作出有利于你的判决。多练习几遍结尾部分，不要只是在心中默想，要大声说出来。不能在结尾处音量减弱，而要保持声音洪亮、底气十足直到最后一个字、最后一个音节。

本章小结

许多律师进入法庭审理案件的机会有限。为了弥补这一缺陷，应当将这些沟通技巧融入你的日常工作、个人对话中，如在和家人、朋友和同事交谈时，提高问话技能。

在和新认识的人谈话、与潜在客户会面或是参加求职面试时，谨慎提出开放性问题。要提前意识到你的问话方式会得到怎样的回答，是会让对方畅所欲言，还是只会得到“是”或“不是”的答案？在谈话中注意自己的手势，并在他人说话时观察手势是如何辅助说话、思考的。

在和重要的人讨论棘手问题时，谨慎选择说话的态度。家庭聚会上，当大家期待一个精彩的开场白时，这正是锻炼自己讲述故事技巧的机会。在和好友的交谈中练习整理事实、总结论述。

所有这些沟通技巧都可以在日常会话中实践和完善。越多地思考和使用，在真正的庭审中就会有越好的表现。当听到法官激动人心的指示“律师，请开始发言”时，你就能够给出信心十足的回应。

说给自己的话

“谨慎选择态度、语调，注意行为举止。”

“立即做出手势，放松、舒展。”

“开庭陈述切入正题，避免陈词滥调。”

“直接询问环节保持兴趣和好奇感，陪审团才会也如此。”

“用开放式问题让证人成为焦点。”

“交叉询问中不要咄咄逼人。”

“选择陪审团跟得上的节奏。”

“停顿之时才是说服力真正体现的时候。”

“多练习结案陈词才能够赢得庭审最后环节。”

附　录

附录一：发言者一览表

协调你的身体、大脑和声音以进行有效辩护

控制身体

· 在发言前，有意识地控制呼吸——深吸气和慢呼气。

· 走向讲台时，继续保持深吸气和慢呼气。

· 放松面部表情；放松嘴巴和眉毛

· 采取动态站姿：将重心均匀分布于双脚。切勿东倒西歪或倚靠讲台、桌子。

· 发言前，和所有的陪审团成员进行眼神交流。有计划地看向坐在四个角落的陪审团成员。

· 在发言前不要埋头看笔记，抬起头并将注意力集中在法官、陪审团或证人身上。问第一个问题前要和证人进行眼神交流。

· 双手摆出准备姿势，将手肘弯曲成 90 度，双手置于齐腰处并随意搭在一起。

· 发言前准备好手势，并在说话时引导身体做出相应的手势。

· 开始发言前有意识地吸一口气，吸气会帮助你发出声音。

· 记住有关自然手势的“3R 理论”：“准备”（ready）、“做手势”（release）和偶尔将手臂垂于身体两侧的“放松”（relax）状态。

· 将因兴奋和（或）焦虑而产生的肾上腺素转化为大方自然的手势。

· 幅度较大和持续时间较长的手势会让你感觉更自然。

· 在腋窝下留些空间，会让你的手势看起来更加自然。

· 手势动作不仅可以从肘部开始，还可以从肩膀开始。

· 设计并练习第一个手势，帮助你激发用手说话的自然本能。

· 启动手势：“呈现”（事实或问题）、“竖劈”（强调）或“展示”（一方面……另一方面……）。

· 充分利用自然的手势区域——一个大约 4 英尺宽 2 英尺高的矩形空间，流畅地做手势。

· 做手势时要展开手掌、伸直手指；切忌向掌心弯曲手指。

· 提问时采用掌心朝上的提问手势。

· 一旦开始做手势就要停止思考手势本身，应依靠直觉去做。

控制大脑

· 开始发言时要打起精神，而不是告诉自己“放松”！

· 集中精神思考，不要对着稿子说话，要对着人说。不要在开场发言或提问时看发言稿。

· 想象你是面对某个人发言，而不是同整个陪审团说话。

· 不要惊讶于听众严肃、漠然的表情。(这与你无关!)

· 意识到肾上腺素造成的“时间弹性”现象；开始发言的时候放慢速度，以抵消你对时间变化的感知误差。

· 停顿有益，沉默是金。短暂的停顿可以让你有时间在开口前思考，也有助于听众理解消化你说的内容。

· 向陪审团清晰地表达你陈述的层次结构，大声说出来也有助于你记住它们。

· 表现出你对案件的热情和兴趣，以及得体的友好态度。

· 请放心，要知道陪审团是无法发觉你内心有多么紧张的。

· 当你需要在脑海中搜寻下一个词或想法时，保持耐心，不要惊慌失措。

· 在询问进行过程中，使用标题提示语宣布进入新的话题：“现在让我们注意……”

· 使用笔记时，少即是多！运用笔记中的要点。不要读笔记。

· 在转换话题时，不必不好意思看笔记。听众只是不赞同你在说话的同时看笔记而已。

· 笔记对你来说是一种视觉辅助工具，所以字要写得大，内容要简单明了。把笔记放在容易看的地方。

· 试着横向书写笔记，以配合你思考和做手势的方式。

· 使用 PPT 和其他形式的电子图像时，注意少即是多。通过暂停、指屏幕和留给听众时间来让他们理解所看到的信息，帮助听众消化屏幕上显示的信息。

控制你的声音

· 深长而有力地呼吸。你说话时声音的力度与气息支持的力度成正比。

· 为了控制语速，说话时按词组断句，而不要一口气说完整句。采用“宣誓效忠”的节奏。

· 在证人回答问题时，有意识地呼吸，让肺部重新充满空气。

· 使用不同的语速：在描述关键问题时按短语断句，在介绍初步信息时则要说得更快而简洁。

· 通过有意识的停顿来控制任何无意识的思维噪音，如“嗯”“呃”。

· 强调赋予语言意义。要着重强调每个句子或问题中的关键词或关键短语。

· 要明白需要强调的词通常处于句末或问题的结尾。

· 通过强调句尾词语来保持音量。

· 注意不要反复地在句末使用升调，否则会让句子听起来像在询问问题或列举清单。

· 为了让声音听起来自信且有说服力，要降低句末的音调（不是音量）。

· 避免过度使用“那么”来连接你的句子或问题。

· 通过强调关键词来避免表达单调。

· 讨论复杂的问题时要放慢语速，更加注意措辞。

练习大声说话

· 站起来练习以协调你的身体、大脑和声音。

· 练习大声说话来建立发声器官（嘴唇、舌头和下巴）的肌肉记忆。

· 大声读稿；先说，再写。

· 开车时练习大声说话。

· 不要对着镜子练习说话。镜子只会让你更不自在。

· 大声练习，独自练习，多多练习！

· 即使你的时间有限，那你也要多次大声练习第一段，这样开场才能有气势。

· 即便时间有限，你也要多次大声练习最后一段，这样结尾才能有力度。

附录二：给自己录制自评视频

双脚和站姿

· 你会变化站姿吗？两脚之间的距离合适吗？

· 你的重心是居中的、均匀分布于双脚的吗？

· 观察自己在开场时是否保持站立不动。

· 你的双脚是互相交叉的吗？不要交叉双脚！

· 注意观察你是拖着脚走还是移动脚步走。应有目的地走动，而非随意走动；在转换话题时可以偶尔变换位置。走动三四英尺可能会让你显得紧张不安。当你决定走动至新的位置时，至少要走动 6 英尺的距离。

· 注意观察你的脚，比起双臂的运动频率，脚步的移动是否更频繁？如果你较少使用双臂，就会频繁移动脚步。思考：让你的双臂代替脚“行走”。

双膝和臀部

· 如同站在行驶中的公交车或者地铁里一样，你要保持双膝灵活，不要锁住膝盖。

· 将臀部正对双脚中间的位置。避免随意地向一侧倾斜身体、将重心偏向一侧臀部上。

气息支持

· 观察你的呼吸。起身之前有意识地控制呼吸，这有助于控制肾上腺素的激增，以及缓解紧张感。

· 你能感觉自己的肺在扩张和收缩吗？从腹部开始做深呼吸以便发出声音，并让大脑供氧充足。

手势

· 双手放置的位置是否合适？你应当弯曲手肘呈 90 度，并将双手放在肚脐处。

· 避免将手置于裆部前方和臀部后方、将手揣在兜里或手拿笔。

· 为了让手势显得更自然，应该加大手势的动作幅度、延长手势持续时间。

· 自然的手势是流畅而连贯的，是缓慢而非急促的。注意手势的平稳、缓慢。

· 你什么时候开始做手势？要有意识地及早做手势。即刻开始做手势。

· 你会用表现“一方面……另一方面……”的手势来激发你做手势的本能吗？

· 你应该充分利用“手势区域”：一个 2 英尺高、4 英尺宽的长方形——在你的腰至下巴之间两英尺高，水平距离 4 英尺长。

· 你提问时所做的手势动作是不是伸展手臂、掌心朝上？提问时要做出对应的手势。

· 检查自己是否选用以下所有手势策略来提问：右手，左手，双手，或者有时没有手势。

· 注意观察“展示”（show）手势。你的动作能更具有表现力吗？

· 将双手或者单手侧立，做空手道中“竖劈”（chop）的手势，以表示特别强调。

· 如果有讲台，你会碰它吗？不要交叉双臂、耸着肩倚靠在讲台上。不要把小臂放在讲桌上且懒洋洋地靠着讲台站，要挺胸站直。

· 观察自己是否在思考完某个问题后便垂下双臂，即摆出“放松”的姿势？你要成为自己的“惊叹号”！

姿势

· 注意看你的身体姿势。好的姿势并非需要挺胸、展开肩膀。这样做反而会增加紧张感。

· 好的姿势是具有一种向上的感觉，而不是保持雕像一般的姿势。

· 你的头应该位于躯干正上方，而不要像“鸡脖子”一样向前伸（不要向上抬下巴）。

· 想象固定在头顶的弹力绳正在向上拉你的头部。

面部

· 你的脸看上去有活力吗？采用你挥手做自我介绍时那种自然的面部表情吧。

· 担心面无表情的“僵尸脸”。试着略微张嘴、用嘴和鼻子呼吸。

· 注意观察你的面部表情和手势是否相配，自然的手势会使你的面部表情自然丰富。

· 切忌身体僵直！做做手势。

眼睛

· 你在看着听众吗？你在发言前是否看着陪审团或证人？

· 你应当观察陪审团的四周以便确定眼神停留的目标区域。

· 了解你的“思维方式”：当你考虑接下来要说的内容时，你会向上看、向下看还是向四周看？切忌将目光从听众身上移开太久。

· 聚焦目光有助于集中思维。

思考

· 不要读稿！要说话！你是读还是说？

· 你的演说中间是否有停顿？沉默是金，沉默亦是友。

· 肾上腺素造成的“时间弹性”现象会让停顿显得异常

漫长。在视频中，你的停顿时间是显得过长还是恰到好处？

· 你给自己和听众留出思考时间了吗？

· 记录停顿时长。每次停顿时间是多长？1 秒还是 2 秒？

· 你的眼睛看向何处？不要在演讲一开始就看稿或读稿。要关注你的听众。

· 你应该把笔记当作降落伞；在无助、崩溃时向它寻求帮助。

· 你的笔记清晰易懂吗？要让笔记成为视觉辅助工具：字体要大、内容要简单明了。

· 查看自己是否经常皱眉。

· 积极地进行态度选择，因为选择态度是种战术。

发言

· 你应该说些短句，而非一口气说完整句话。

· 听听自己说话的节奏。你是否在发言开始时以短语的形式说话且放缓语速，然后在感觉从容的时候再加快语速？

· 缓慢的语速可以表明你所说内容的重要性。介绍基础性信息时可以加快语速，但表达有说服力的观点时应放慢语速。

· 你是否会调整说话的节奏？偶尔用相当慢的语速逐字说话，可以达到强调的效果。当你提到书证、证人、证据时可以运用这个技巧。

· 你的说话声音是否太轻？多运用气息支持的方法。

· 你的音量减弱了吗？强调问题中的最后一个词或词组。

· 注意听一听句末上扬的语调。你是否用了疑问的语气？

· 你是否会在句末使用降调和肯定的语气？

· 听声音判断自己是否采用了“下楼梯模式”。回想新闻播音员是如何结束电视节目的。

对立面法则

· 你运用对立面法则了吗？你是否曾遇到这种情况：说出的句子或短语与依靠直觉会说出的话意思恰好相反？

· 仔细听，判断你在强调某些内容时语速是否比平时说话速度慢，音量是否比平时说话音量小。

· 充满激情的同时要适时保持严肃。

· 聆听并作出对比。你是否曾用长时间的沉默让审判者陷入思考？

· 注意在演讲中适当运用以下技巧：更缓慢、更轻柔、静止、沉默。

附录三：适用仲裁的基本表达技能

·在等待发言的时候有意识地控制呼吸——缓慢地深呼吸。

·将双脚放在地板上，坐直。不要懒洋洋地坐在椅子上。

·将清晰易懂的笔记放在面前。使用横向书写的笔记。

·为了方便你在发言时读笔记，将笔记放得离自己稍远些。

·将放在桌子上的双手分开，从而便于自然地做手势。

·不要紧张地摆弄你的笔、笔记、回形针等。手里不要拿任何东西。

·在发言前查阅笔记时，静静地深呼吸。

·再次深呼吸时同听众进行眼神交流，接着开始发言。

·开始发言时立即做手势。尽快放松。

·为了控制语速，发言时多用短句，而不要直接说出整句话。

·不要读稿。与仲裁员或证人交谈时不要看笔记，而要看着对方。

附录四：提出动议或者请求上诉时要掌握的基本表达技能

·在等待发言时要控制你的呼吸——缓慢地深呼吸。

·一旦站在讲台上就要保持站立不动，让重量平均分布于两脚。

·把你清晰易读、水平记录的笔记放在讲台上。

·往后退一步，这样你就可以轻松地看清笔记，而不用歪着头看。

·双手在齐腰处随意相触，摆出预备姿势。

·在说话前参阅笔记时，安静地做深呼吸。

·在与各位法官眼神交流后深吸一口气，然后再发言。

·开始说话时立即做手势。尽快放松心情。

·当你告诉法庭你寻求的法律救济时，按短语断句，而不要一口气说出整个句子。

·不要读笔记。要目视你所面对的法官并和他们交谈。

·首先提出最有力的论点，或者针对对方律师刚提到的关键问题做出回答。

·在扫视法官席位观察法官是否会提问时，要同法官保持眼神交流。

·要保持自信和谦恭。法官讲话时要立即停止讲话。

· 不要打断正向你提问的法官。

· 当你持否定意见时，可以说："法官大人，对此我们不同意。我们的观点是……"

· 在解释之前，最好先回答"是"或"不是"。

· 整理并使用能返回自己论点的相关短句，如"法官大人，这要回到之前我们拒绝他们提出的动议的理由"或者"这能够支持我们同意动议的观点"。

· 做好准备，在30秒内重述要点并做出简要总结。

· 在论证前，练习如何大声要求妥协、说出相关判例法以及针对对立的观点做出回答。

· 预测可能成立的假设。

· 练习大声论证与案件有关的公共政策、法律和司法问题。

图书在版编目(CIP)数据

能言善辩:律师职场说服术 / (美) 布莱恩·K. 约翰逊 (BRIAN K. JOHNSON), (美) 玛莎·亨特 (MARSHA HUNTER) 著;田力男,吴若龄译. -- 北京:法律出版社, 2021

书名原文: THE ARTICULATE ADVOCATE: Persuasive Skills for Lawyers in Trials, Appeals, Arbitrations, and Motions

ISBN 978-7-5197-5652-9

Ⅰ. ①能… Ⅱ. ①布… ②玛… ③田… ④吴… Ⅲ. ①律师业务-说服-语言艺术 Ⅳ. ①D916.5

中国版本图书馆 CIP 数据核字(2021)第 123506 号

能言善辩:律师职场说服术 **NENGYAN SHANBIAN:** **LÜSHI ZHICHANG SHUIFUSHU**	(美)布莱恩·K. 约翰逊 著 (美)玛莎·亨特 田力男 吴若龄 译	责任编辑 李 群 张婉凝 陈昱希 装帧设计 汪奇峰

出版发行 法律出版社	**开本** A5
编辑统筹 法规出版分社	**印张** 7.25 **字数** 145 千
责任校对 张红蕊	**版本** 2021 年 12 月第 1 版
责任印制 张建伟	**印次** 2021 年 12 月第 1 次印刷
经 销 新华书店	**印刷** 中煤(北京)印务有限公司

地址:北京市丰台区莲花池西里 7 号(100073)

网址:www.lawpress.com.cn 销售电话:010-83938349

投稿邮箱:info@lawpress.com.cn 客服电话:010-83938350

举报盗版邮箱:jbwq@lawpress.com.cn 咨询电话:010-63939796

书号:ISBN 978-7-5197-5652-9 **定价**:59.00 元

凡购买本社图书,如有印装错误,我社负责退换。电话:010-83938349